김대중의 국정 노트

KB193204

지은이 박찬수

1964년 서울 마포에서 태어나 양정고등학교와 서울대 정치학과를 졸업했다. 1989년 3월 《한겨레》에 입사한 후 사회부와 국제부, 정치부에서 주로 정당과 국회를 취재했다. 워싱턴특파원과 편집국장, 논설실장을 거쳐 지금은 대기자(大記者)로 일하고 있다. 지은 책으로 《청와대 VS 백악관》 《NL 현대사》 《진보를 찾습니다》 《사소한 것들의 현대사》(공저) 등이 있다.

저자는 2000~2002년 청와대 출입 기자로 근무하면서 김대중 대통령을 가까이에서 지켜봤다. 그리고 22년이 지난 2024년, 김대중 대통령이 재임 기간 동안 쓴 27권의 친필 국정 노트를 통해 그를 새롭게 만났다. 그러면서 대통령은 권력을 휘두르는 자리가 아니라 국가 발전과 국민 행복을 위해 자신의 모든 것을 쏟아붓는 자리라는 평범한 진리를 깨닫게 되었다. 김대중 대통령의 생각과 철학은 '대통령은 어떠해야 하는가' '민주주의를 어떻게 발전시킬 것인가'를 고민하는 우리에게 커다란 울림을 준다.

김대중의 국정 노트

ⓒ 박찬수, 2025

초판 1쇄 인쇄 2025년 3월 10일 | **초판 1쇄 발행** 2025년 3월 25일

지은이 박찬수
펴낸이 이상훈
인문사회팀 최진우 김효진
마케팅 김한성 조재성 박신영 김애린 오민정

펴낸곳 ㈜한겨레엔 www.hanibook.co.kr
등록 2006년 1월 4일 제313-2006-00003호
주소 서울시 마포구 창전로 70(신수동) 화수목빌딩 5층
전화 02-6383-1602~3
팩스 02-6383-1610
대표메일 book@hanien.co.kr
ISBN 979-11-7213-215-6 03300

김대중의 국정 노트

DJ 친필 메모로 읽는
'성공하는 대통령'의 조건

박찬수 지음

나는 윤석열 정부 초기, 나의 책《지금 DJ라면》과 각종 방송 등을 통해 윤석열 대통령에게 김대중 대통령의 '대통령 수칙'을 꼭 읽어 보라고 조언했다. 그가 그 한 장짜리 메모만 새겼더라도 오늘과 같은 불행은 결코 없었을 것이다.

《김대중의 국정 노트》역시 만시지탄晩時之歎이다. 지난 1년 동안《한겨레》연재를 위해 저자인 박찬수 대기자와 소통하고 대화했던 시간은 참으로 소중하고 행복했다. 그의 깊이 있는 분석과 탁월한 식견, 무엇보다 김대중 대통령을 향한 애정은 늘 감사하고 고마웠다.

이 책은 옥동자와 같다. 이 세상에 뒤늦게 나왔지만 그만큼 귀하고 귀하다. 지금은 IMF 못지않은 대한민국의 위기 상황이다. 다시 일어나 희망을 만들어야 하는 이때, 이 책은 큰 힘이 되고 길잡이가 될 것이다. 정치 지도자를 꿈꾸는 이는 DJ의 통찰력과 국가 운영 노하우를 배우기 위해 《김대중의 국정 노트》를 꼭 읽어 보기를 권한다. 김대중 대통령께서도 당신의 고민이 이렇게 새 시대에 활용되는 것을 보시고 참으로 흐뭇해하실 것이다.

박찬수 대기자! 고생하셨고, 감사합니다.

_박지원, 제22대 국회의원

우리는 그를 '어른'이라 칭했다. 연만年滿해서가 아니었다. 마땅히 달리 부를 호칭이 없었다. '대통령님'으로는 부족했다. 'VIP'는 불경했다. 그는 대통령이기에 앞서 어른이었다. 어른다운 어른, 시대의 어른이었다.

그의 일상은 공부-사색-메모-말하기-글쓰기의 반복이었다. 그에게는 모든 게 공부였다. 책을 읽는 것은 물론, 보고서를 읽고 보고를 받는 것, 회의하는 것, 누군가와 밥을 먹는 것 모두 공부였다. 쉼 없이 읽고 들었다. 그렇게 읽고 들은 것을 놓고 사색했다. 책을 읽다 책장을 덮고 생각하고, 경내를 산책하며 사색했다. 그러다 생각나는 게 있으면 메모했고, 메모하면서 다시 숙고했다. 그리고 메모한 것으로 말하고 썼다. 말과 글로 국정을 끌어갔다.

그는 즉흥적으로 말하지 않았다. 메모로 성의를 다해 준비했다. 그래서 그의 말은 뺄 것도, 빠진 것도, 고칠 것도 없다. 말을 받아 적으면 그대로 글이 됐다. 그것이 자신의 말을 듣고 글을 읽는 사람에 대한 최소한의 예의라 여겼다. 또한 메모하기 위해 공부하고 사색했다. 공부는 사색의 재료였고, 사색의 결과는 메모였다. 그런 점에서 그에게 메모는 공부와 사색을 말과 글로 연결하는 다리이자 국정 운영의 정수였다.

이 책의 저자와 나는 2000년부터 김대중 대통령 임기 말까지 청와대에서 동고동락했다. 저자는 《한겨레》 청와대 출입 기자로서 찌르는 창의 역할을, 나는 연설비서관실 행정관 자리에서 막는 방패 임무를 담당했다. 그 시절부터 그의 글은 잘 벼린 칼처럼 날카로웠다. 그럼에도 그를 미워할 수 없었던 건 칼을 잡은 손의 따뜻함 때문이었다. 그로부터 20여 년이 흘렀지만 칼날은 전혀 무뎌지지 않았다. 세월의 무게만큼 연륜과 관록이 더해졌을 뿐.

김대중 대통령의 친필 메모에 덧붙인 저자의 해설을 읽으며 부끄러웠다. '그때 그 말씀이 그런 뜻이었구나.' 새삼 깨달은 대목이 한둘이 아니다. 몇 줄의 대통령 메모에서 이처럼 장대하고 심오한 뜻을 길어 올릴 수 있는지 놀라울 따름이다. 어느 경전에 달아 놓은 주석이 이리 정성스럽고 친절할 수 있을까. 책으로 그를 만나게 해 준 저자에게 감사한다. 국한문 혼용체로 쓴 그의 친필을 보며 반가웠다. 국민을 위하는 절절한 마음이 읽혀 그가 그리웠다. 그리고 읽는 내내 행복했다.

시대가 다시 '김대중'을 호명하고 있다. 어른이 없는 시대, 지도자다운 지도자의 출현을 고대하고 있다. 이 책은 어두운 터널에 갇혀 있는 우리에게 희망의 빛을 선사한다. 우리에게도 이런 지도자가 있었다고, 당면한 어려움을 얼마든지 극복할 수 있다고, 아직 우리에게 기회가 있다고, 모든 것은 우리의 선택에 달렸다고 일갈한다.

_강원국,《대통령의 글쓰기》《강원국의 어른답게 말합니다》저자

DJ의 메모에서 바람직한 대통령의 모습을 발견하다

책의 원고를 마무리하던 2024년 12월 3일 밤 비상계엄이 선포됐다. 국회와 시민의 힘으로 신속하게 제압했지만, 역사의 뒤안길로 사라졌던 계엄령의 부활은 충격이었다. 선거로 뽑힌 문민 대통령이 군을 동원해 친위 쿠데타를 시도하리라고는 누구도 예상하지 못했으리라. '제왕적'이라는 비판과 논란이 있기는 해도 1960년대 제3공화국 이후 대한민국의 놀라운 발전과 성장을 이끈 중심에는 대통령제가 있었다. 1987년 6월 항쟁의 결과물인 대통령 직선제는 정권 교체를 제도화하면서 우리 사회에 민주주의를 굳건히 뿌리내렸다고 믿었다.

그 믿음이 12·3 내란 사태로 크게 흔들렸다. 대통령의 폭주를 막을 수 있게 제도를 개선해야 한다는 목소리가 분출했다. 하지만 제도 개선 못지않게 중요한 것은 '대통령은 어떠해야 하는가'에 대한 인식과 컨센서스consensus(합의)의 재정립이다. '제왕적'이라는 한계에도 불구하고 다수 국민이 대통령제를 지지한 것은, 진보·보수를 떠나 적어도 대통령은 개인 이익보다 국가와 국민을 위해 헌신할 것이라는 믿음 때문이었다. 법 집행에 저항하며 "끝까지 싸우자"고 지지자들을 선동하는 건 오랫동안 국민이 생각해 온 '대통령의 모습'이 아니다.

지금 김대중 대통령을 다시 돌아보는 것은 그런 차원에서 의미가 있다. '정치인 김대중'을 제대로 평가하는 데에는, 오랜 민주화 운동 역정보다 1998~2003년 5년간 대통령으로서 국정 운영을 했던 기간이 더 중요하다. IMF 외환 위기 극복에는 중국 경제의 활황 등 외적 조건이 큰 도움을 줬다. 그러나 이보다 긴요한 내적 역량의 결집에는, 노동자를 설득하고 보수 세력을 껴안았으며 관료를 잘 활용한 김 대통령의 지도력이 결정적 역할을 했음을 부인하긴 어렵다.

명암이 교차한 한국 대통령제는 크게 두 단계로 나뉜다. 이승만 초대 대통령 이후 짧은 제2공화국을 거쳐 박정희·전두환으로 이어진 오랜 독재의 시대, 그리고 1987년 6월 민주 항쟁의 성과로 이뤄진 5년 단임 직선 대통령의 시대다. 박정희가 중화학 공업 중심으로 한국의 산업 구조를 재편했다면, 김대중은 정보 기술IT 중심으로 재구성해 새로운 도약의 기틀을 세웠다. 김 대통령은 일본 대중문화를 개방하고 열린 문화 정책을 폄으로써 한류가 세계로 뻗어나갈 수 있는 문을 열었다. 정부 재정이 파탄할 거라는 거센 반대에도 불구하고 기초생활보장법을 제정해 사회 안전망의 토대를 놓았다. 국가인권위원회와 여성부를 새로 설치하는 등 인권 신장을 제도적으로 보장한 점도 의미 있다. 대통령으로서 박정희의 업적이 18년에 걸려 축적된 것이란 점과 비교하면, 5년이라는 짧은 기간에 김대중이 이룬 성과는 실로 놀랍다.

이 책은 김대중 대통령이 집권 기간 동안 직접 쓴 국정 노트를 기반으로 하고 있다. 김대중 탄생 100주년을 맞아 2024년 한 해 동안《한겨레》에 연재했던 내용을 보완하고 다듬었다. 김 대통령은 재임 5년간 거의 매일 국정 노트를 썼다. 장·차관과 수석비서관, 외부 인사들과 회의를 앞두고 부처 및 청와대 비서실이 올린 자료를 대통령의 언어와 비전으로 재정리해 노트에 담았다. 그렇게 쓴 친필 메모가 두꺼운 대학 노트로 27권이나 됐다.

국정 노트는 '대통령은 어떠해야 하는가'에 관해 하나의 실마리를 제공한다. 맨 먼저 눈에 띄는 것은 대통령으로서의 무거운 책임감과 그걸 지탱하기 위한 성실함이다. DJ의 국정 노트를 읽다 보면, 대통령은 권력을 휘두르는 자리가 아니라 국가 발전과 국민 행복을 위해 자신의 모든 것을 쏟아붓는 자리라는 평범한 진리를 새삼 깨닫게 된다. 청와대 출입 기자였던 2001년 12월의 어느 날 아침, 노르웨이 오슬로의 호텔 방에서 김대중 대통령을 잠깐 만난 적이 있다. 맨얼굴의 김 대통령은 몹시 초췌하고 지친 모습이 역력했다. 우리가 텔레비전을 통해 접했던, 메이크업을 하고 미소를 띤 얼굴은 찾아볼 수 없었다. 나중에 안 사실이지만 그때 김 대통령은 신장 기능이 너무 떨어져 주치의로부터 투석 권유를 받고 있었다. 하지만 김 대통령은 업무에 지장을 줄까 봐 거절했다. 퇴임 후인 2002년 봄이 되어서야 비로소 투석을 시작했다. 국정 노트를 읽으면서 자꾸 그날의 기억이 떠오른 건 왜일까?

전직 대통령 여럿이 구속되었고 박근혜 대통령은 탄핵까지 당했지만 그래도 그 직의 무게를 견디는 책임감과 외로움은 비슷했을 것이라고 늘 생각했다. "비가 오지 않아도, 비가 너무 많이 내려도 다 내 책임인 것 같았다. 대통령은 그런 자리였다"라던 노무현 대통령의 토로는 상징적 예다. 이런 생각이 12·3 비상계엄 이후 윤석열 대통령의 처신을 보면서 산산이 깨진 것은 가슴 아픈 일이다.

2024년 4월 국회의원 선거에서 여당인 국민의힘이 참패한 직후 용산 대통령실의 비서관과 점심을 함께한 적이 있다. 나는 그 비서관에게 "김대중 대통령이 쓴 국정 노트를 윤 대통령이 한번 읽어봤으면 좋겠다"고 조언했다. 비서관은 "DJ와 윤 대통령은 가치와 지향이 다른데 굳이…"라며 필요 없다는 투로 대답했다. 그러나 국정 운영의 성공을 추구하는 대통령의 노력은 진보와 보수를 가리지 않는다. DJ의 국정 노트에는 자신을 모질게 탄압했던 박정희 대통령에 대한 이런 평가가 담겨 있다. "박 대통령이 이룬 경제적 근대화는 부인하지 못한다. '하면 된다'는 자신감을 심었다. 우리 둘은 서로 미워하고 싸웠지만 이제 훌훌 털었으면 한다." 윤석열 대통령이 DJ

의 국정 노트를 미리 읽었다면, 야당과 비판 세력을 오직 '척결해야 할 적'으로만 여긴 12·3 비상계엄 같은 비극은 피할 수 있었을까?

헌법을 고치고 제도를 정비하는 것은 중요하지만 그것이 민주주의 발전을 약속하지는 않는다. 20세기 초 독일의 바이마르 헌법은 매우 훌륭하다는 평가를 받았지만 희대의 독재자 아돌프 히틀러의 탄생을 막지는 못했다. 제도와 법 조항 사이사이의 빈틈을 메우는 것은 살아 있는 정치의 힘이다. 대통령제에서는 특히 대통령의 자세와 마음가짐이 매우 중요하다. DJ의 국정 노트에는 그런 바람직한 대통령의 모습이 배어 있다. 자기 절제와 인내, 관용, 경청, 대화와 타협의 의지가 실제 국정을 운영했던 대통령의 친필 메모 속에 살아 숨쉬고 있다. 대통령의 이런 태도는 대통령제에 생기를 불어넣고 민주주의를 지키는 역할을 한다. 이것이 바로 김대중의 국정 노트가 오늘의 우리에게 던지는 울림이다.

김대중 대통령 퇴임 이후 20년간 봉인돼 있던 국정 노트를 읽을 수 있었던 것은 기자로서 행운이고 감동이었다. 2000~2002년 청와대 출입 기자로 일했기에 DJ를 나름 잘 안다고 생각했지만, 내가 아는 것은 작은 조각에 불과했다. 귀중한 자료를 취재할 수 있도록 도와주고 국정 노트 사진의 게재를 흔쾌히 허락한 김대중평화센터(이사장 김홍업·상임이사 김성재)에 특별한 감사의 마음을 전한다. 또 여러 자료를 제공하고 조언을 해 준 김대중재단(이사장 권노갑)과 연세대 김대중도서관(관장 박명림)에도 고맙다는 말씀을 드린다. 김 대통령은 한자 흘림체로 국정 노트를 작성했기에 읽기가 여간 어려운 게 아니었다. 한자를 해독하고 노트의 맥락을 이해하는 데 도움을 준 김대중 정부 인사들에게 감사할 뿐이다. 그럼에도 불구하고 읽어 내기 어려워 해석이 되지 않은 부분은 '○○'으로 표시하였다.

이 책이 대통령의 고민과 노력의 흔적을 따라가며 '성공하는 대통령'의 조건을 한번 생각해 보는 계기가 되기를 바란다.

2025년 3월

박찬수

차 례

3장

국민과 나라를
대표하는 이의
사명감과 품격

1장

선견지명으로
선진국의
청사진을 그리다

IT 강국과 초고속 인터넷 세상을 꿈꾸다

김대중 정부 시절 '전자정부특별위원회' 민간위원으로 참여했던 송 희준 이화여대 명예교수는 2001년 12월 24일 대통령과 함께했던 회 의를 또렷이 기억한다고 말했다. 그날 송 교수는 김대중 대통령 바 로 옆자리에 앉았다. 김 대통령은 다이어리처럼 생긴 노트를 펼치고 선 그걸 보면서 특위위원들에게 당부를 하기 시작했다. 힐끗 노트 를 쳐다보니 흘려 쓴 한자로 발언 요지가 키워드별로 빼곡히 정리 돼 있었다. 송 교수는 "핵심을 딱 짚어서 정리하고 그걸 풀어서 죽 얘 기하시는 걸 들었다. 대통령이 회의를 앞두고 얼마나 많은 준비를 했 는지, 성실함이 노트에 고스란히 담겨 있는 듯했다. 정부기관 회의 에 여러 번 참석했지만 그런 광경은 처음이었다"고 말했다.

송 교수가 본 다이어리는 김대중 대통령이 재임 시절 거의 매일 빠지지 않고 썼던 '국정 노트'다. DJ(김대중의 애칭)는 국무 회의나 주요 정책 회의를 앞두고 회의에서 할 이야기를 이렇게 노트에 정리했다. 청와대 통치사료비서관실 행정관을 지낸 박한수 씨(현 김대중평화센터 기획실장)는 "정부 부처와 청와대 담당비서관실에서 올라온 준비 자료를 토대로 대통령이 쟁점과 발언 내용을 직접 노트에 적었다. 주요 회의나 장관 보고를 받을 때는 항상 깨알같이 정리된 국정 노트를 옆에 두고 대화했다. 퇴임하시고 노트 사본이 김대중평화센터로 넘어오기 전까지 어떤 내용이 담겨 있는지 누구도 정확하

김대중 대통령이 재임 5년간 쓴 27권의 국정 노트. 김대중평화센터 제공

게 알지 못했다"고 말했다. 이렇게 쓴 노트가 집권 5년간 27권이나 되었다.

매일 쓴 국정 노트 속 전자정부 구상

송 교수를 비롯한 전자정부특위 위원들은 김 대통령과 세 차례 직접 만났다. 첫 번째는 전자정부특위 첫 회의 두 달 만인 2001년 5월 17일의 보고회의였고, 두 번째는 그해 성탄 전야에 열린 종합점검회의였다. 세 번째는 2002년 11월 13일 '전자정부 기반 완성 보고회의'다. 그 세 차례 회의 내용이 담긴 김 대통령의 국정 노트를 들춰 봤다. 2003년 2월 25일 퇴임 이후 22년 만에 처음 공개되었는데 한자로 흘려 쓴 단어 일부는 읽기가 쉽지 않았다.

맨 앞에 적힌 '활동 기간 2개월'은 특위 활동을 시작한 지 2개월밖에 되지 않았음에도 이렇게 노력을 해 줘서 고맙다는 내용을 키워드로 적은 것이다. 세 번째 항목(각 부처 장·차관 선도 역할 잘해야)에서 '민간 기업의 정보화 최고책임자cio도 부사장급'이란 말은, 대통령이 국가 최고경영자ceo니까 장·차관은 부사장이란 생각으로 정보화 최고책임자 역할을 잘해 달라는 당부다.

노트 내용을 보면, 전자정부 사업의 필요성과 중요성을 김 대통령 본인이 누구보다 잘 이해하고 있음을 느낄 수 있다. 특히 눈에 띠는 건 '디지털 디바이드digital divide(정보 격차)'에 대한 우려와 대책 마련을 촉구한 대목이다. 김 대통령은 '계층 정보 격차 해소 노력'이란 항목을 별도로 정리해서 '디지털 디바이드 문제가 중요하니 학교·군·교도소 등의 컴퓨터 교육을 강화하고, 인터넷을 사용하지 못하는 계층과 주민들을 위한 적극적 대책을 마련하라'고 지시했다. 그 무렵은 디지털 디바이드에 대한 관심이 아직 낮던 시절이었다. 송희준 명예교수는 "김 대통령은 여러 차례 디지털 디바이드 대책을 강조했다. 초고속 인터넷망이 전국에 깔리지만 가정주부나 노인, 저소득층은 아무래도 접근성이 떨어지니까 조금 지나면 큰 격차가 발생할 것 같다고 얘기하셨다. 이런 인식은 당시로선 굉장히 앞선 것이다. 김 대통령이 진보적인 분이라 이 문제에 관심이 많구나, 그런 생각을 했다"고 말했다.

구본권 사람과디지털연구소장은 "디지털 디바이드 이슈가 국내에서 본격적으로 떠오르기 시작한 건 스마트폰이 일상화한 2010년 이후다. 디지털 디바이드는 크게 피시PC 및 인터넷 접근성 문제와 리터러시literacy(활용 능력) 문제로 나눌 수 있는데, 2001년은 접근성 문제가 더 큰 시기였다. 김 대통령의 이런 인식이 학교와 우체국 등에 공공公共 피시를 적극 보급하는 정책에 영향을 끼쳤으리라 본다"고 말했다.

電子政府特委報告　　'01. 5. 17

머릿말

① 감동받아서 감사함.

② 每週會議, 熱誠있는 電子政府 思理方案들고

③ 民間委員들, 공사다망 責任맡아 감사

1. 電子政府思理의 必要性

① 21世紀 국가발전 基盤確立 이념이다.

② 우리民族에 絶好의 機會 - 新羅 文化 冒險心

③ 超高速通信網 合12,144個 市郡, 초록표시. 2005年까지 山間僻地, 도서까지

④ 인터넷 人口數가 웹페이지 接續率을 보면 世界 3位 등 超先進 수준에 들어 (초록 21위 國中 日平均 接續率 - 한국 2,164쪽, 美 678쪽, 日 788쪽, 초록 平均 774쪽)

⑤ 民間分野의 e-business의 活性化에도 영향

⑥ 電子政府思理 - 국민 부담과 부패소지의 划期 的 提高로 부패 - 掃除 효과 - 流通을 實現

⑦ 交通量도 크게 줄어 - 경제절감, 環境도 淨化

⑧ 참여民主主義의 꽃 - 電子政府체제 - 流用發

김대중 대통령이 2001년 5월 17일 전자정부특위 위원들과의 첫 번째 회의를 앞두고 작성한 국정 노트. 전자정부의 목표와 효과, 디지털 디바이드 대책 마련 등을 당부하는 내용을 담고 있다. 김 대통령은 정부 부처와 청와대 비서관실에서 올린 준비 자료를 토대로, 직접 핵심 내용을 정리해 국정 노트에 담았다. 김대중평화센터 제공

2. 電子政府 推進 過程의 問題点 및 推進方向

① 電子政府 가로막는 規制의 早期改正 (종이 書類提出, 本人의 出席, 理念에의 義務化 規定 등 事例 等除)

② 都心 및 情報 分布되는 作業 마련

③ 個人情報 保護 강화 제度化, 國民 우려 除去

3. 長官과 長·次官 一見 조정 불가피하다

① 長·次官의 指揮아래 命令 지속 된다아 成功

② 長·次官이 事先에서 先陣 가 必要한 改革期的 努力
  ― paradigm의 轉換 수반되다 ―
  ― 民間企業의 情報化計劃 主任者 (CIO)와 對比 검討 ―

③ 오늘 報告 事項 ― 次官들이 責任지고 實行

④ 電子政府 特委는 추진상황을 수시로 점검 報告 해주기

4. 階層間 情報 隔差 解消 努力

① digital divide 問題 重要, 學校, 等 敎育强化

② 인터넷 使用者의 폭발적 증가 問 ― 電子政府 제도에
  맞추고, 政府의 적극적인 努力 있어야

맺음말

① 21 창조의 운명 - 능아減其實지못務비. 南北
② IT. BT. NT. ET 先進比, 信信之勢과 樹木
③ 5G先만의 民族的抹殺, 운命 거식을
④ 電子政府과 核心상 촉의率
⑤ 다시 激勵

//

〈전자정부특위 보고〉 2001.05.17
머리말
① 활동 기간 2개월
② 매주 회의, 완성도 높은 전자정부 구현 방안 보고
③ 민간위원들, 다망多忙 중 특위 참석 감사

1. 전자정부 구현의 필요성
① 21세기 지식 기반 교육 시대
② 우리 민족에 절호의 기회-지성 문화 모험심
③ 초고속 통신망 144개 구축, 세계 최초.
  2005년까지 산간벽지, 도서까지
④ 인터넷 인구 수, 웹페이지 검색 등 활용도도 미·일 등 경쟁국에 크

게 앞서

(세계 21개국 중 월평균 검색량-한국 2164쪽, 미 678쪽, 일 788쪽, 세계 평균 774쪽)

⑤ 민간 부문의 이ₑ-비즈니스도 활성화 단계

⑥ 전자정부 구현-효율성과 생산성의 획기적 제고로 부패 일소와 세계 일류 실현

⑦ 교통량도 크게 줄어-유류 절감, 환경 정화

⑧ 손정의 씨의 권고-전자정부 하면 일류 국가

2. 전자정부 추진 과정의 문제점 및 애로 사항

① 전자정부 가로막는 법이나 규제 조기 개선(종이 서류 제출, 본인의 출석, 현금 납부 의무화 규정 등)

② 부처 간 정보 공유 위한 체제 마련

③ 개인 정보 보호 대책 수립, 국민 우려 제거

3. 각 부처 장·차관-선도 역할 잘해야

① 장·차관 등 지도자의 소명 의식 있어야 성공

② 장·차관이 솔선해서 기존의 관행의 획기적 개선

　- 패러다임의 변화 수반돼야

　- 민간 기업의 정보화 최고책임자CIO도 부사장급

③ 오늘 보고 사항-차관들이 책임지고 실행

④ 전자정부특위는 각 부처 추진 상황을 항시 조정, 점검해 주기를

4. 계층 정보 격차 해소 노력

① 디지털 디바이드digital divide 문제 중요. 학교, 군, 교도소 등.

② 인터넷 사용자와 못 하는 자-전자정부 이용에 큰 벽, 정부의 적극
   적 노력 있어야

맺음말
① 21세기의 소명-지식 기반 강국, 남북
② IT, BT, NT, ET 선진국, 개인주의와 접목
③ 5000년 만의 민족적 기회, 소명 의식을
④ 전자정부가 핵심적 견인차
⑤ 다시 격려

감옥에서 내다본 제3의 물결

DJ는 대통령이 되기 훨씬 전에, 정보화의 중요성을 일찌감치 내다봤다. 1980년 '서울의 봄'이 신군부의 쿠데타로 얼어붙고 DJ는 광주 민주화 운동을 배후 조종한 혐의로 군사 법원에서 사형을 선고받았다. 그는 감옥에서 앨빈 토플러의 《제3의 물결》을 탐독했다. 청와대 정책기획수석으로 김 대통령의 정보화·전자정부 사업을 실행했던 김성재 씨의 이야기다. "1980년 '서울의 봄' 때 앞으로 다가올 정보화 사회에 관해 DJ와 얘기를 나눈 적이 있다. 그걸 기억하시고는 사형수로 육군교도소에서 복역할 때 앨빈 토플러의 책 《제3의 물결》에 굉장한 관심을 표명하셨다. 그 책을 넣어 달라고 하셔서 1981년 5월쯤 내가 구입해 이희호 여사를 통해 감옥 안으로 전달했다." DJ는 큰 감명을 받았다. 1981년 5월 22일과 12월 16일 청주교도소에서 가족들에게 보낸 옥중 서신을 보면 《제3의 물결》을 꼭 읽어 보라고 권유하는 내용이 나온다. "산업화 시대에는 뒤처졌지만 정보화 시대에는 앞서갈 수 있다. 만약 감옥에 오지 않았더라면 이런 진리를 깨칠 수 없었을 것이다"라고 사후에 출간된 자서전에 썼다.

　DJ의 통찰력을 엿볼 수 있는 상징적 장면은 1981년 1월 중앙정보부에서 촬영한 영상이다. 김대중평화센터가 입수해 보관해 온 영상을 보면, 김대중은 남산 중앙정보부로 추정되는 장소에서 조사를 받다가 잠시 휴식을 취하면서 수사관 최○○ 씨에게 정보화와 인터넷에 관해 설명한다. 당시는 인터넷은 물론이고 컴퓨터라는 용어 자체가 생소하던 시절이었다. 컴퓨터와 인터넷은 1986년 PC통신 천리안이 문을 열면서 비로소 대중화하기 시작했다. 그런데 영상 속 사형수 김대중은 '세계가 정보화 시대로 갈 것이고 우리나라도 여기에 뒤처져선 안 된다'고 강조하고 있다.

DJ의 선견지명은 1998년 2월 대통령에 취임하면서 정책으로 구체화했다. 김 대통령은 취임사에서 "21세기 첨단 산업 시대에 기술 강국으로 등장할 수 있는 정책을 과감히 추진해 나가겠다. …세계에서 컴퓨터를 가장 잘 쓰는 나라를 만들어 정보 대국의 토대를 튼튼히 닦아 나가겠다"고 말했다. 외환 위기를 어느 정도 극복한 1999년부터 김대중 정부는 초고속 통신망에 본격 투자하기 시작했다. 재일동포 기업인 손정의(소프트뱅크 회장)와 빌 게이츠(마이크로소프트 회장)의 조언이 도움을 줬다고 김 대통령은 국정 노트에 적었다.

빌 게이츠와 손정의의 조언

집권 초기인 1998년 6월 18일 청와대 집무실에서 빌 게이츠와 손정의를 만났다. 김 대통령은 자서전에서 그날 만남을 이렇게 묘사했다. "나는 한국 경제가 살아 나갈 길이 무엇인지 물었다. 손 사장이 대

뜸 말했다. '첫째도 브로드밴드, 둘째도 브로드밴드, 셋째도 브로드밴
드입니다. 한국은 브로드밴드에서 세계 최고가 되어야 합니다.' 빌 게
이츠 회장도 동의했다. 나는 정보통신부에 초고속 통신망을 빠른 시
일 안에 구축할 수 있는 방안을 검토하도록 지시했다."

　손정의 회장의 기억도 비슷하지만 좀 더 구체적이다. 손 회장
이 몇 년 뒤에 기자들에게 설명한 내용은 이랬다. "김 대통령은 한국
이 망할 거 같다면서 직설적으로 조언을 구했다. 나는 세 가지 방법
이 있다고 했다. '첫째 브로드밴드, 둘째 브로드밴드, 셋째 브로드밴

1998년 6월 18일 김대중 대통령은 청와대에서 마이크로소프트사의 빌 게이츠 회장과 만나 IT
강국의 초석이 될 조언을 들었다. 이 자리에는 소프트뱅크의 손정의 회장도 함께했다. 연세대
김대중도서관 제공

드.' 빌 게이츠도 동감한다고 말했다. 김 대통령은 '두 사람이 모두 그 렇게 말하면 한번 그렇게 해 보겠다'고 하더니 '그런데 브로드밴드 가 뭔가요?'라고 물었다." 손 회장은 "일주일쯤 뒤 한국 정부가 초고 속 인터넷 정책을 발표하는 걸 보고 한국이 인터넷에서 세계 최고 가 될 것임을 알아챘다"고 덧붙였다.

강력한 대통령 의지를 담은 정보화 정책은 단기간에 엄청난 성 과를 거뒀다. 2000년 12월, 전국 144개 주요 지역을 광케이블 초고 속 통신망으로 연결하는 정보 고속 도로를 개통했다. 1999년 37만 가구에 불과했던 초고속 인터넷 가입자는 2002년 10월 1000만 가구 를 넘었다. 2001년 말 기준, 초고속 인터넷 보급률은 100명당 17.16명 으로 경제협력개발기구OECD 회원국 중 1위로 올라섰다. 송희준 교 수는 "초고속 통신망은 일종의 고속 도로다. 고속 도로를 깐다고 해 서 자동차가 많이 다니는 건 아니다. 자동차가 달리도록 해야 한 다. 김 대통령은 그걸 성공적으로 해냈다. 굉장히 싼 가격으로 국민 이 초고속 인터넷을 쓸 수 있게 하고 학생과 군인, 주부, 노인을 대 상으로 무상 정보화 교육을 하는 등 환경을 만드는 데 집중 투자했 다. 세계가 놀란 인터넷 사용자 폭발은 그렇게 나왔다"고 말했다.

김대중 정부에서 청와대 공보수석을 지낸 박선숙 씨는 이것이 김 대중 정부만의 공은 아니라고 했다. 박 전 수석은 "김영삼 정부 때 정 보통신부를 발족하고 정보화추진 기본계획을 세웠다. 더 거슬러 올 라가면 전두환 정부 때 전자교환장치TDX를 도입해 PC통신이 가능

김대중 대통령이 2001년 4월 6일 서울 양천구의 주부 인터넷 교실을 방문해, 주부들이 인터넷을 배우는 모습을 지켜보고 있다. 김 대통령은 이 자리에서 "앞으로 주부뿐 아니라 청소년, 장애인, 농어민, 노인, 저소득층 등 정보화 소외 계층에 대한 교육 기회를 확대하겠다"고 말했다. 연세대 김대중도서관 제공

해졌다. 그 씨앗을 활짝 피운 게 김대중 정부"라고 말했다.

DJ는 컴퓨터를 잘 다루지 못했다. 군사 독재의 오랜 감시 아래서 중요한 메모는 꼭 손으로 쓰는 습관을 들였다. 국정 노트에 꼬박꼬박 손글씨로 정책을 정리한 것도 그 때문이다. 그러나 DJ에게는 컴퓨터가 바꿀 세상을 내다보는 통찰력이 있었다. 감옥에서의 많은 독서와, 전문가 조언에 귀 기울이는 태도가 대통령의 국정 운영에 긴요한 자질을 키웠다.

성과와 성공으로 이어진 정책 연속성

2002년 11월 13일 청와대에서 '전자정부 기반 완성 보고대회'가 열렸다. 민원서류를 집에서 컴퓨터로 발급받을 수 있는 'G4C Government for Citizen(지금의 '민원24')' 서비스가 시작됐다. 그날도 김 대통령은 어김없이 국정 노트를 적었다.

정부 내에선 이 행사 명칭을 '전자정부 완성 보고대회'로 하자는 의견이 있었다. 민원 서비스와 정부 전자 조달 시스템의 문을 연 거니까 정치적으론 '완성'이라 홍보할 수 있었다. 김 대통령은 그렇게 하지 않았다. 그 이유를 DJ는 "오늘의 성과는 기반을 만든 것이지 전자정부의 완성은 아니다. 세계 최고 수준의 전자정부를 위해선 앞으로 계속 보완, 발전시켜 나가야 한다"고 국정 노트에 적었다. 전자정부특위 위원장을 맡았던 안문석 고려대 명예교수는 "보고대회에서 김 대통령이 한 말을 잊을 수 없다. DJ는 '정치가로서 내 일생에 좋은 날이 별로 없었지만 오늘은 정말 좋은 날입니다'라며 기뻐했다. 박정희 대통령부터 역대 정부가 정보화를 쭉 추진해 왔지만, 가장 중요한 역할을 한 대통령을 꼽으라면 단연 DJ를 꼽을 수밖에 없다"고 말했다.

이 사례는 대통령의 정책 접근이 어떠해야 '성공하는 대통령'이 될 수 있는지 상징적으로 보여 준다. 1997년 DJ 집권 이후, 우리나라에서도 진보-보수 정치 세력의 정권 교체가 일상화됐다. 진보와 보수는 지향과 가치가 다르지만, 국정 운영 방식과 목표에서 큰 차이가 나는 건 아니다. 정권이 바뀐다고 어느 날 하늘에서 뚝 떨어지듯 갑자기 새롭게 시작되는 정책은 없다. 이전 정권 정책을 모조리 부정만 할 게 아니라, 좋은 건 평가하고 부족한 부분은 메우면서 필요한 곳에 역량을 쏟아부어야 한다. 그래야 임기 중에 가시적 정책 성과를 낼 수 있다. DJ가 잘한 게 이런 부분이다. 정보화 정책에서 DJ의 공은, 국가 경쟁의 성패가 IT에 달려 있음을 깨닫고 이 사안을 대통령의 어젠다agenda로 끌어올려 직접 챙기고 집중 투자를 한 것이다. 5년 임기의 대부분을 전 정권 정책을 부정하고 시행착오만 거듭하며 보내는 대통령들이 한번 생각해 봐야 할 지점이다.

電子政府基盤完成報告會 '02.11.13

1. 人事말씀 — 오늘은 뜻깊은날, 21세기型 政府의実現
   ① 年末까지 完成約束 早期達成
   ② 国民이 政府의 核心 課題 一流化로 의 先導的役割
   ③ 電子政府 特徵 (安全한) 通民, 行政의, 情報化
      全부門 (情報提, 情報交, 情報처) 改革

2. 電子政府의 期待効果
   ① 国民의 負擔이 인터넷 처리로 大幅 節減; 民遠化
      約소가 住宅의 大中節減, 出張기間, 노후경쟁力
   ② 行政의 통일서보가 高度 陸축에 의해 가능
   ③ 政府의 發展性의 向上 — 종이가 必없고 언제나 것.
      電子化된 行政情報의 共同活用 — 일하는方式의
      報告의差化
   ④ 政府에 国民의 참여 活性化 — 政府가 住民北情報
      노政府가 獲得 — 서비스하는政府의 모습
   ⑤ 国民과 政府間 信賴의 增大되어가는
   ⑥ 全혀에가 좋아진다
   ⑦ 한국의 政府 등이 世界속에서 信頼感 — 21세기 一流化

2002년 11월 13일 전자정부 기반 완성 보고대회를 앞두고 작성된 국정 노트. 정책의 성과와 성공은 이전 정부들의 노력이 더해진 것이라는 DJ의 국정 철학을 엿볼 수 있다. 김대중평화센터 제공

3. 우리나라 電子政府에 대한 13階評價

① UN가 優秀事例로 선정 - 韓國의 電子政府 서비스 提供(指)

② 美보다 5개국 - 政策抉(施)에서 비례에서 韓國13순위로 美

  2位로 評價 - 美보다 발달, 싱가포르1位

③ 서울市의 民願处(理)시스템 - 及부패13階속에서 發투구

  部(처)에손써 (99.01), UN와 共同으로 民願处(理)시스템

  普及事業추진中

④ 원드컵, 釜山AG - IT强국 面

⑤ 海外市場進出 (印尼 e-GOV, 약5억弗) 캄보디아(外

  務電算網事業 약8억弗)

      맺음말

1. 2년의 成果는 基盤 完成. 電子政府의 完成 이아님, 春속

  普高시스準 電子政府 實現 위하여

① 技術·制法上의 未備됨 계속 補完発展

② 国民에게 弘報 - 使用교육 강의

③ 새로운制法에 친속하도록 公務員들 敎育

④ Digital divide 없게 인터넷使用교육 강화

2. 오늘行事로 - 21世紀 未来 - 1先진 하나의 信號化

   - 이자리의 여러분 - 電子政府 成공의 主导者

〈전자정부 기반 완성 보고회〉02.11.13

1. 인사 말씀-오늘은 뜻깊은 날, 21세기형 정부 구현
① 연말까지 완성 약속 조기 달성
② 국민의정부의 핵심 과제. 일류 국가의 선결 조건
③ 전자정부특위(안문석) 위원, 행자부, 정통부, 전 부처(이근식, 이상
   철, ○○○) 치하

2. 전자정부의 기대 효과
① 국민과 기업의 인터넷 고취로 시간 절감 가속화
   시간과 ○○의 대폭 절감, 생활의 질, 기업 경쟁력
② 행정의 투명성과 부패 제거에 획기적
③ 정부의 생산성의 향상-종이와 수작업 마감
   전자화된 행정 정보의 공동 활용-일하는 방식의 근본적 변화
④ 정부와 국민의 관계 변화-정부가 보존한 정보는 정부가 확인-서비
   스하는 정부의 모습
⑤ 국민의정부 신뢰와 만족 향상
⑥ 기업 하기 좋은 나라
⑦ 세계의 정부들과 경쟁에서 우위-21세기 일류 국가

3. 우리나라 전자정부에 대한 국제 평가
1. UN과 미 행정기관-한국의 전자정부 서비스 제공
2. 미 브라운 대학-정부○○ 웹사이트에서 한국을 세계 2위로 평가-미·일
   보다 앞서. ○○ 1위.
3. 서울시의 민간 입찰 시스템-반부패 국제회의서 개혁 우수 사례로 소

개. 유엔과 공동으로 민간 입찰 시스템 보급 사업 추진 중.

4. 월드컵, 부산 아시안게임-IT 강국

5. 해외 시장 진출(인니 e-gov, 4만 불) 캄보디아(행정전산망사업 24만 불)

4. 맺음말

1. 오늘의 성과는 기반 완성. 전자정부의 완성이 아님. 세계 최고 수준 전자정부 실현 위해서도

① 기술, 법제상의 미비점 계속 보완 발전

② 국민에게 홍보-사용 의욕 고취

③ 새로운 기술에 친숙하도록 공무원들 교육

④ Digital divide 없게 인터넷 사용 교육 강화

2. 오늘-21세기 세계 일류 국가 ○○ 강화

   - 이 자리의 여러분, 전자정부 성공의 선도자.

한류의 기원,
문화 산업이 곧 미래다

"20세기에는 공업과 노동력이 국력이었다면, 21세기에는 지식과 문화가 중요하다. 문화 산업이 국가 기간산업이 되어야 한다. 21세기는 한국의 세기다. 왜냐하면 문화는 한국인에 가장 적합하기 때문이다."

1999년 3월 22일 문화관광부의 대통령 보고회의를 앞두고, 김대중 대통령은 국정 노트에 이렇게 적었다. 문화 산업의 중요성을 내다본 김 대통령 인식이 묻어난다. 김대중 정부에서 문화는 지적 활동을 넘어선 '콘텐츠 산업'으로 다뤄지기 시작했다. 그 무렵 김 대통령이 가장 많이 한 이야기 중 하나가 영화 〈쥬라기 공원〉에 대한 언급이다. "〈쥬라기 공원〉 한 편의 흥행 수입이 8억 5000만 달러다. 자동차 150만 대를 수출하는 것과 같다"고 자주 말했다. 김대중 정부 시기에 문화관광부 문화산업국장을 지낸 유진룡 씨(박근혜 정부에서 문화체육관광부 장관을 지냈다)의 이야기다.

"1994년에 문화체육부(문화관광부의 전신)에 문화산업국이 처음 생겼다. 그런데 이 부서에서 다루는 '문화 산업'이란 게 가장 아날로그적인 출판 말고는 별로 없었다. 그 내용을 성공적으로 채운 게 김대중 정부 때다. 2000년 무렵은 세계적으로 문화 콘텐츠가 아날로그에서 디지털로 바뀌는 시기였다. 디지털 콘텐츠의 세상이 오는데 이걸 어떻게 대응해야 하나, 정책적으로는 굉장히 망연자실한 상황이었다. 1999년에 게임종합지원센터(한국게임산업진흥원으로 이름을 바꿨다가 2009년 한국콘텐츠진흥원으로 통합된다)를, 2001년에 문화콘텐츠진흥원(한국콘텐츠진흥원의 전신)을 만든 게 결정적이었다고 본다. 이는 특히 두 가지 측면에서 중요한 결과를 가져왔다. 하나는, 정부가 콘텐츠 산업에 굉장히 관심이 많고 지원을 적극적으로 한다는 걸 보여 주는 계기가 됐다. 다른 하나는, 이들 기관을 통한 지원이 당시로선 공평하고 공정하게 이뤄졌는데 그걸 보면서 젊은이들이 문화 산업에 관심을 가졌고 많은 인재들이 몰리면서 좋은 콘텐츠를 만들어 내는 기반이 됐다. 그전까지 문화는 정부의 중요한 정책 과제나 관심 사항이 아니었다. 김대중 정부 들어 문화는 비로소 정책의 주변부를 벗어났다. 대통령이 기회 있을 때마다 '문화 산업'을 강조하고 또 아주 많은 지원을 한 결과다."

문화관광부의 탄생

1998년 2월 취임과 함께 정부 조직 개편을 하면서 문화체육부를 문화관광부로 이름을 바꾼 것도 김 대통령이었다. 유진룡 전 장관은 "그때 공무원들은 '문화부'라는 명칭을 선호했다. 그런데 대통령이 직접 문화관광부로 정했다는 얘기가 돌았다. 왜 그랬는지 알 순 없지만, 아마도 문화와 관광 같은 소프트 산업을 육성하는 게 앞으로 중요하다는 인식이 반영된 게 아닐까 싶었다"고 말했다. 김대중 청와대에서 정책기획수석을 지낸 김성재 씨(나중에 문화관광부 장관을 지냈다)는 "DJ가 직접 문화관광부라는 작명을 한 건 맞다. 관광 산업이 커져야 하는데, 그 중심이 자연이 아니라 문화가 돼야 한다는 생각에서 그렇게 지었다"고 말했다.

1999년 3월 22일 문화관광부 보고회의에 관한 국정 노트 내용은, 대통령이 회의를 어떻게 이끌고 어떤 이야기를 하는지 엿볼 수 있다는 점에서 흥미롭다.

'토의'라는 항목은 김 대통령이 회의에서 문화관광부 차관과 관광국장, 문화산업국장, 해외문화홍보원장 등에게 직접 묻고 싶은 질문을 정리해 놓았다. 해외문화홍보원장에겐 '문화 관광 통한 한국 이미지 개선 성과와 대책'을, 기획관리실장에겐 '문화 관광은 일자리와 직결되는데 관련 예산을 어떻게 쓸 계획인지' 묻고 있다. 애니메이션 상품을 주문자상표부착OEM에서 자체 제작으로 전환할 수 있

文化觀光部　　　　　'99. 3. 22

<u>討議</u>

1. 文化[...]通해 韓[...] 이미지 [...]을위해 어떠한 手段을 [...]하고있는가? 지금까지의 成果는? 今次 [...]의 韓[...]에대한 이미지는? ([...]文化強調[...])

2. 밀레니엄事業의 構想과 推進狀況은? 2000年 1月1日 [...]메리지는 [...] 나가 TV [...] 기 [...]한건데 成果를 볼수 있는가 ([...]) 2000年 1月1日까지 285日 [...] 5大 [...]를 [...]는가?

3. 文化 觀光 [...]事業 [...]으로 일자리 [...]해 今年에 969[...] 라고. 이의 動力[...] 使用되는 內譯은? ([...])
　　文化[...] 4450億, 文化[...] 500億, 觀光 425億

4. 映像産業 [...] 되고 [...] 效果와 [...]가 民間企業 [...]나와 나가[...]데 이의 [...]? ([...])
　　애니메이션을 OEM [...]에서 순수[...]으로 構造를 [...]시킬 方法은? 98年 9,500万弗中 OEM 8,000万弗 [...]계 3,570억원중 1,000여억원 (28.6%). 3년

5. [...]公[...]記念會[...]의 效과 모습을 바꾸고? 지난 12. 10 [...] [...]大[...]文化 [...] [...]의 方針은 나는 [...] [...] [...]에대한 [...]支援 보다 [...]力있는 [...]의 流通問題 [...] 報支援이 더 [...]이라고 생각 하는데 [...]로? [...]나라 마[...]. 들[...]. [...] [...]라고[...]報 [...]? ([...])

1999년 3월 22일 문화관광부 보고회의를 앞두고 작성한 국정 노트 첫 세 장. 애니메이션 제작 방식을 전환할 수 있는 방안을 묻는 대목, '21세기는 한국의 세기, 문화는 한국인에 가장 적합'하다는 대목 등이 인상적이다. 김대중평화센터 제공

6. 今回에서 觀光 m서 今月부터 와서 人觀光 호樣集計에 하것 樣樣 있느냐? 지난해7月2데 觀光을 報告만 받아서 電器山 廣州, 扶安, 淸州 등 連繫觀光 商品의 把出狀況 (관광코)

大統領의 指示

1. 20世紀는 工業과 商事가에 用力. 21世紀는 知識에 있습니다. 앨빈 토플러 '노동력보다 사람의지식의 힘이 시장을 지배하는 New Economy 의시대가 이미 도래했다'

2. 文化産業은 12大 基幹産業이되어 있습니다.

구분	영화	애니메이션	비디오	게임	음반	출판
국내	2,600億	3,200億	3,100億	5,500億	4,100億	2.5조
세계	79조	88조	43兆	99조	45조	72조
	(660億弗)	(736億弗)	(358億弗)	(82400弗)	(381億弗)	(610億弗)

3. 文化産業從事員 (약40万 5千억 60万 觀光事業從事員 (약200万 — 200万 270万 (全體의11%) 失業対策에도 효률化 統制 5千억 90万일과리

4. 21世紀는 觀光의世紀. 文化와觀光이서 가장 適合

5. 觀光産業 98年 425億, 3兆弗 運용 (58:21)

6. 98年 外來觀光客유치 (韓국 30位), 觀光收入 (韓국 20位)

7. 1人당 가능을 89.2배 (후률14위 2.49兆), 98年58위 輸出入을 후룔과 3배 169억 후룔이익

o 新党黨 1류위치는 21인치 TV9대수준해당

　　〃 수표위치는 1500cc자동차 1대수준이다

o 花佛效果 (乘数) 승차효과붐붐 0.14 (건설0.174, 농촌주택0.149)

8. 中止觀光客誘致에 붐을하야 日本人觀光客 48%, 中止人 6%로

觀光人口 5~8,000万 最大市場. 大經紀의 潜力

9. 今明山觀光의 흐름성향 ① 卓생리人66 젊음 ② 生涯의間

　放使뵤 ③ 旅覽服내 효和로근2대 間 훨로간 氣焰檢. 統一디성

④ 아시아觀光中心地化

10. 文化觀光인의 模命

① 旅遊客의 操내의 住相浮리

② 口省荒秘論집비자 庇佛 例소의 숨動로流

③ 表飢評価 22부처중 4위, 수승품목란당가 11위

　 동涌보호居 評価 15위

〈문화관광부〉 99. 3. 22

(토의)

1. 문화 관광 통한 한국 이미지 개선 위해 어떠한 종목을 택하고 있는 가? 지금까지의 성과는? 세계인의 한국에 대한 이미지는? (해외문화 홍보원장)

2. 밀레니엄 사업의 ○○과 추진 상황은? 2000년 1월 1일 평화 메시지 는 세계 각국의 TV 수요가 폭주할 것인데 성과를 낼 수 있는가? (차 관) 2000년 1월 1일까지 285일.

   99년 국정 5대 지표를 기억하는가?

3. 문화 관광 관련 사업 확장과 일자리 확대 위해 금년에 969억 계상. 이 의 효과적 사용 위한 대책은? (기획관리실장)

   문화예술 44억 원, 문화 산업 500억, 관광 425억.

4. 영상 산업 활성화 위한 정부 예산과 민간 자본 유치해야 하는데, 이 의 전망은? (문화산업국장)

   애니메이션을 OEM 중심에서 자체 제작으로 구조 발전시킬 방안은?

   - 98년 9500만 불 중 OEM 8000만 불

   - 세계 3500편 중 1000여 편(28.6%). 3위

5. 지난해 12. 10 고시한 인간문화재 ○○시의 방침은 어느 정도 진척 돼 있는가?

   ○○에 대한 ○○ 지원보다는 경쟁력 있는 당국의 유통, 홍보 지원 이 더 효과적이라고 생각하는데, 대책은?

   한국의 먹거리, 볼거리, 살거리, 놀거리의 거리 홍보는?

6. 금강산 관광에서 5월부터 외국인 관광객 가능하게 된 것 차질 없는 가?

지난해 7월 2일 업무 보고 시 말한 설악산, 경주, 부여, 청주 등 관광 개발의 추진 상황은? (관광국장)

(대통령 지시)
1. 20세기는 공업과 노동력이 국력. 21세기는 지식과 문화가.
　앨빈 토플러 '노동력보다 사고와 지식의 힘이 시장을 지배하는 New Economy의 시대가 이미 도래했다'
2. 문화 산업은 국가 기간산업이 되어야 한다

구분	영화	애니메이션	비디오	게임	음반	출판
국내	2600억	3200억	3000억	5500억	4000억	2.5조
세계	79조	88조	43조	99조	45조	72조

3. 문화
관광
실업 대책에도 중요한 역할 5월 내 90만 일자리.
4. 21세기는 한국의 세기. 문화는 한국인에 가장 적합.
5. 관광객 수. 98년 425만, 37억 불 흑자(58:21)
6. 98년 기준 관광객 유치(세계 30위), 관광 수입 (세계 20위)
7. 외화 가득률 87.2%(평상시의 2.47배), 98년 58억 불 수입은 평균 ○○○ 165억 불 해당.
　- 관광객 1명 유치는 21인치 TV 9대 수출 해당.
　- 5명 유치는 1500cc 자동차 1대 수출 해당.
8. 중국 관광객 유치에 치중해야. 일본인 관광객 48%, 중국인 6.4%.
　관광 인구 5000~8000만 최대 시장. 대통령의 노력.
9. 금강산 관광의 중요성. ① 인적 접촉 ② 북한의 개방 촉진 ③ 통일 의

식 ④ 아시아 관광 중심지화

10. 문화관광부의 사명

① 세계 속의 한국

② 국가 기간산업이자 국위 선양의 중요 전선

③ 민간 평가 22개 부처 중 4위. 소속 공무원 평가 11위. 부처 생산성 평가 15위.

는 방안을 묻는 말도 눈에 띈다.

'대통령 지시'라는 항목은 회의를 마무리하면서 김 대통령이 문화관광부 간부들에게 당부할 내용을 담고 있다. 눈여겨볼 건 문화를 보는 DJ의 시각이다. 문화를 지적 활동을 넘어 국가 기간산업으로 보면서, 문화 산업이 한국에 매우 적합한 분야라는 점을 강조한다. DJ는 '노동력보다 사고와 지식의 힘이 시장을 지배하는 뉴 이코노미 시대가 도래했다'는 앨빈 토플러의 언급을 인용했다. 이어 영화·애니메이션·비디오·게임·음반·출판 등 분야별로 한국과 세계 시장 규모를 비교하면서, 우리 문화 산업을 확장할 여지가 매우 크다는 점을 강조한다. 유진룡 전 장관은 "문화가 21세기 핵심 산업이라는 인식은 그 당시 문화판에선 조금 있었지만 다른 분야, 특히 정치권에선 찾기 힘들 때였다"고 말했다. 김 대통령의 인식, 그리고 이에 기반을 둔 콘텐츠 산업 투자가 오늘날의 한류를 일으킨 기반이라는 데 많은 이가 동의하는 이유다.

일본 대중문화 개방의 우려

정치적으로 '뜨거운 감자'였던 일본 대중문화 개방을 결심한 것도 그런 배경에서 나왔다. 김 대통령은 "문화는 흘러야 한다. 그래야 발전한다"고 말했다. 1998년 10월 일본을 국빈 방문한 김대중 대통령은 이른바 '김대중-오부치 공동 선언'에서 일본 대중문화를 개방하겠다는 뜻을 공식화했다. 공동 선언을 발표한 바로 그날, 김 대통령은 NHK 방송과 인터뷰를 했다. 키시 토시로 서울지국장과 쿠니야 히로코 아나운서 등은 김 대통령에게 조금 걱정스러운 투로 이렇게 물었다. "대통령이 결단하신 일본 문화 개방에 한국 여론은 그다지 찬성하고 있지 않은 거 같다. 《중앙일보》여론 조사를 보면 김 대통령의 대일 정책에서 가장 먼저 처리해야 할 문제로 47%가 종군 위안부 등 과거사 정리를 들었고, 문화 개방은 6%만이 지지했다. 국민 여론이 지지하지 않는 방향을 지향하는 이유는 무엇인가? 과거 정권에서 가능하지 않았던 일이 왜 김대중 정권에선 가능한 것인가?"

김 대통령 대답은 이랬다. "정부는 국민 여론을 존중해서 따라가기도 하지만 때로는 국익을 위해 필요하다고 생각하면 국민을 설득도 해야 한다. 이는 일본만을 위한 것도 아니고 한국만을 위한 일도 아니다. 문화 개방은 양쪽을 위해서 필요하며, 문화 쇄국주의는 도움이 되지 않는다. 과거에 한국이 문화 쇄국주의를 취해서 중국에서 불교와 유교를 받아들이지 않았다면, 아마 오늘날 우리나라는 존재하기 어려웠을 거다. 일본도 마찬가지다. 문제는 문화를 받아들이는 것이 아니라, 받아들인 문화를 내 것으로 재창조할 수 있느냐이다. 우리는 중국 문화라는 압도적인 것을 받아들여 재창조한 저력이 있다. 일본 문화가 들어와서 자극을 받으면 결국 우리 문화가 더

김대중 대통령과 오부치 게이조 일본 총리가 1998년 10월 8일 도쿄 영빈관에서 정상 회담을 하기 전에 악수하고 있다. 두 사람은 회담 뒤 일본 대중문화 개방 등을 담은 '김대중-오부치 공동 선언'을 발표했다. 연세대 김대중도서관 제공

욱 발전하는 데 도움이 된다. 이 점에 관해 소신을 갖고 국민에게 이야기하겠다."

쿠니야 아나운서는 곧이어 "일본 문화에 폐쇄적인 건 한국 문화 산업을 보호한다는 측면이 있었다. 앞으로 한국 문화 산업의 보호·육성을 어떻게 할 생각인가?"라고 물었다. 그 무렵 대중문화 개방이 일본에 훨씬 유리하리라는 건 한일 언론과 문화계의 공통된 예상이었다. 한국 출판 만화 시장은 일본 만화를 베껴 내는 경우가 많았고, 애니메이션 제작 수준은 비교가 안 될 정도로 차이가 났다. 일본 영화

는 젊은이들 사이에서 비디오로 암암리에 돌아다녔고, 제이팝J-pop 은 국내에 마니아층을 형성할 정도였다. 일본 대중문화를 개방하면 한국 문화 시장이 일본 문화에 점령되고 문화 산업은 큰 타격을 입으리라 여기는 게 어쩌면 당연했다. 쿠니야 아나운서 질문에 김 대통령은 이렇게 대답했다. "과거에는 그런 것을 명분으로 개방을 반대했다. 과연 그렇게 해서 얼마나 성공했는지 생각해 볼 필요가 있다. 막아서 국내 1등 해 봤자 세계에서 1등 하지 못하면 소용없다. 우리가 문화 산업에서 발전하고 이기기 위해서도 받아들여야 한다. 미국 것도, 유럽 것도 받아들이는데 왜 일본 것만 받아들이면 안 되는가. 이런 자세를 가지고 당당하게 임해야 한다고 생각한다."

한류의 기원을 찾다

DJ의 예언대로 일본 문화가 한국을 휩쓸 것이란 걱정은 기우로 끝났다. 1998년 10월부터 단계적으로 이뤄진 일본 대중문화 개방은 오히려 일본 시장에서 한국 대중문화가 비약적으로 성장하는 결과를 낳았다. 한국의 대일 문화 콘텐츠 수출액은 2005년 4900억 원에서 2017년 1조 9000억 원, 2021년 2조 4600억 원으로 크게 늘었다. 반면에 일본 문화 콘텐츠의 대한국 수출액은 2005년 1050억 원 규모에서 2017년 2300억 원 정도로 늘어나는 데 그쳤다(한국콘텐츠진흥원 통계).

2022년 1월 4일 일본 《니혼게이자이신문》은 '한류 엔터테인먼트 수출액 확대 … 2021년 1.3조 엔, 5년 만에 두 배로 증가'라는 제목의 기획 기사를 실었다. 이 기사엔 20년 전 김대중 대통령의 발언과 역할을 재조명하는 대목이 나온다. "한국의 전 세계 콘텐츠 수출액은 2021년 115억 달러(약 15조 1700억 원)로 5년 전보다 두 배 늘었고 일본을 훨씬 능가하고 있다. … 한국 정부의 엔터테인먼트 산업 육성책이 성공을 거뒀다. 한국에서는 1998년 김대중 정부가 '문화는 21세기의 기간산업이 된다'며 각 대학에 관련 학과를 정비하는 등 콘텐츠 산업 육성에 나섰다. 이런 장기적 관점에서의 인재 육성이 한류의 약진을 지탱하고 있다."

영화배우 김명곤 씨(노무현 정부에서 문화관광부 장관을 지냈다)는 "지금 한류가 김대중 정부의 일본 대중문화 개방과 문화 산업 육성책 덕분임을 부인할 순 없다. 그때 진보적 문화예술인들도 일본 문화 개방에 거센 반대를 했지만 결과적으로 DJ가 옳았다"고 말했다.

그런데 김대중 대통령은 언제부터, 어떤 생각으로 일본 대중문화를 열겠다는 생각을 했던 것일까?

일본 대중문화 개방과
K-콘텐츠의 경쟁력

김대중 정부가 출범한 직후인 1998년 봄, 최상용 고려대 교수(DJ 정부에서 주일대사를 지냈다. 현재는 명예교수)는 청와대로부터 김 대통령이 만나고 싶어 한다는 연락을 받았다. 약속한 시각에 청와대 본관에 들어가니, 김 대통령과 임동원 외교안보수석이 있었다. 김 대통령이 "최 교수는 일본 대중문화 개방을 어떻게 생각하시오?"라고 물었다. 최 교수는 이렇게 대답했다. "지금 일본 만화와 애니메이션은 세계 최고 수준입니다. 우리나라 청년들이 이미 많이 돌려보고 있습니다. 이걸 어떻게 막을 수 있겠습니까? 대통령께서도 금서禁書 읽어 보셨죠? 저도 많이 읽었습니다. 금서의 정의는 '금지된 책'이 아니라 '인기 있는 책'입니다. 금서를 없애려면 단속할 게 아니라 그냥 풀어 줘야 합니다. 금서는 풀리는 그 순간부터 인기가 없어져서 사람들이 읽지 않습니다. 일본 대중문화도 똑같다고 봅니다."

또 최 교수는 이렇게 덧붙였다. "DJ가 잘 웃지 않는 분인데 내가 금서 얘기를 하니까 막 웃으시더라. 그러면서 임동원 수석한테 '최 교수 얘기를 어떻게 생각하시오?'라고 물었다." 그날 최 교수는 좀 심하다 싶은 말도 했다고 한다. "조용필은 일본 가서 〈돌아와요 부산항에〉를 부르는데, 일본의 유명한 가수는 한국에서 〈봉선화〉를 일본어로 못 부릅니다. 이거 야만 국가 아닙니까, 이런 말도 김 대통령에게 했습니다."

말하기보다 경청에 집중한 DJ

2024년에 열린 제22대 총선에서 국민의힘 국회의원(비례)에 당선된 인요한 연세대 의대 교수도 그 무렵 김 대통령을 만나 비슷한 질문을 받았다고 말했다. "정확한 날짜는 기억나지 않지만, 1998년 봄이었다. 김 대통령과는 야당 총재 시절 동교동 자택으로 여러 번 진료하러 가서 친분이 있었다. 비서관 등 몇 명이 같이 있는 자리였는데, 김 대통령이 나한테 일본 대중문화 개방에 관해 물었다. 일본 문화를 개방하면 성인용 비디오 같은 게 몰려오지 않을까 걱정하시는 투였다. 나는 '조금은 들어올 겁니다. 하지만 한국 문화는 서양 문화보다도 튼튼하니 일본 성인문화가 한국에서 힘을 쓰지는 못할 겁니다'라고 답했다. DJ는 '알겠다. 참고가 됐다'고 하셨다."

최상용 명예교수와 인요한 국회의원이 그때 김대중 대통령과의 대화 분위기를 비슷하게 기억하고 있다는 점은 눈여겨볼 지점이다. 대통령의 소통 방식은 어떠해야 하는지에 대해 시사점을 주기 때문이다. 김 대통령이 외부 인사 의견을 청취할 때의 스타일을 두 사람은 거의 똑같이 이렇게 이야기했다. "DJ는 절대 자기 생각을 먼저 말하지 않는다. (외부 인사가) 의견을 말하면 수첩에 깨알 같은 글씨로 받아 적는다. 그러고는 배석한 수석이나 비서관에게 '이 의견을 어떻게 생각하나?'라고 묻곤 다시 나한테 물어본다. 그런 식으로 참석자들 얘기를 충분히 들은 뒤에 마지막에 자기 생각을 반드시 밝힌다."

대통령이란 자리는 모든 정보가 모이는 곳이다. 자신이 모든 사안을 다 꿰뚫고 있다는 착각에 빠지기 쉽다. 김영삼 대통령은 집권하기 전엔 사람들과 만나면 이야기를 잘 듣기로 유명했다. "머리는 빌릴 수 있어도 건강은 빌릴 수 없다"는 YS의 말은, 외부 그룹 조언에 의존도가 컸던 정치 스타일을 잘 보여 준다. 그런데 그런 YS도 청와대에 들어간 뒤론 달라졌다. 시간이 지날수록 사람들의 말을 듣기보다 자기가 말하는 비중이 훨씬 커졌다.

고급 정보를 한손에 틀어쥔 대통령이 '그건 당신이 잘 몰라서 그러는데…'라고 말하면 누구도 그 말을 반박하긴 어렵다. 대통령은 자신의 말보다 상대방의 말을 들으려 의식적으로 노력해야 한다. 그래야 '불통不通' 논란에서 그나마 벗어날 수 있다. 김대중 대통령이 참석자들 의견을 다 들은 뒤에 마지막으로 자기 생각을 밝혔던 건 이런 권력의 속성을 알기 때문이었다.

그런 DJ도 권력의 속성에서 완전히 자유롭진 못했던 듯싶다. 이강래 전 국회의원은 청와대 정무수석 시절에 김 대통령에게 민정수석 직위를 부활시키자고 두 차례 건의했다고 한다. 두 번째로 그 이야기를 하자 DJ는 '다른 사람들은 다 없애는 게 맞다는데, 왜 자네만 자꾸 다시 두자고 하느냐'며 벌컥 화를 냈다. 그 뒤론 이 이야기를 대통령 앞에서 꺼낼 수가 없었다. 이 전 의원은 "대통령이 듣기 싫어하는 얘기를 다시 꺼내기란 매우 어렵다"고 말했다.

김 대통령이 공개적으로 일본 대중문화 개방을 언급한 건 1998년 4월 17일 문화관광부 업무 보고 때였다. 신낙균 장관의 보고에는 "일본 대중문화의 단계적 개방 등 적극적인 문화 외교를 펼치겠다"라고 딱 한 줄 언급돼 있었다. 김 대통령은 이걸 받아서 "자신감을 갖고 일본 문화 개방 문제에 대응하라"며 이렇게 말했다. "우리는 중국 문화 속에 있으면서도 왜 동화되지 않았는가. 중국 문화를 받아들이되 우리 문화로 재창조해서 독자적인 한국 문화를 창조한 능력을 가지고 있었기 때문이다. 앞으로 일본 문화를 받아들이는 데도 아무런 문제가 없다고 생각한다. 오히려 일본 문화를 막음으로 해서 좋은 문화는 들어오지 못하고 폭력·섹스 등 나쁜 문화만 스며들어 오는 것은 상당히 우려할 만한 일이다."

정통 문화부 관료 출신인 유진룡 전 문화체육관광부 장관은 "부처 공무원들 분위기는 처음엔 반신반의했다. 개방 필요성은 다 인정했지만 누구도 여론의 비난을 감당할 자신이 없었다. 이런 일은 대통령이 앞장서지 않으면 정부 부처가 먼저 나서서 굳이 논란을 만들지 않는다. 그런데 이번엔 대통령이 직접 필요성을 분명하게 얘기하고 그렇게 하자고 하니까, 뭔가 좀 되긴 되겠구나 그런 생각들을 하기 시작했다"고 말했다.

우리 문화의 저력을 믿다

다음 날 조간신문에는 '정부, 일본 대중문화 단계적 개방'이란 큼지막한 제목의 기사가 실렸다. 정치적으로 민감한 '일본 대중문화 개방'은 그렇게 가시화했다. 논란은 컸다. 광복회 등 독립 유공자 단체와 문화예술 단체들은 진보·보수 가리지 않고 반대 성명을 발표했다. 김성재 한신대 명예교수는 "한일 문화교류정책 자문위원회 간사를 내가 맡았는데 '김 교수가 어떻게 그럴 수 있냐'며 문화계 인사들이 집 앞까지 와서 시위를 벌였다"고 말했다. 당시 문화관광부 장관이던 신낙균 씨는 "부처 현안 중에서 가장 염려스러운 게 일본 대중문화 개방이었다. 실제로 여러 곳에서 비판과 반대가 많이 제기됐다. 반일 감정 차원에서 반대하는 경우도 많았고, 우리 문화 산업이 일본에 다 먹힌다는 현실적 우려를 하는 이도 많았다"고 말했다.

문화관광부 업무 보고 직후, 여론 수렴과 정지 작업을 위한 '한일 문화교류정책 자문위원회'가 구성됐다. 위원장에는 1970년대 일본에서 '티케이ᴛᴋ생'이란 필명으로 한국 민주화 운동 소식을 전했던 지명관 한림대 일본학연구소장이, 간사에는 김성재 한신대 교수(나중에 청와대 정책기획수석과 문화관광부 장관을 지냈다)가 임명됐다. 두 사람 모두 재야에서 김 대통령과 오랜 인연을 맺은 이들이었다. 박정희 정권의 탄압으로 1972년 일본에 망명했던 지명관 소장은 DJ의 일본 활동을 적극적으로 도왔다. 김성재 간사는 1969년 '삼선개헌반대 범국민투쟁위'에 학생 대표로 참여했다가 신민당 국회의원이던 김대중을 처음 만났다.

그래도 자문위원회에 참여하는 건 쉽지 않은 결정이었다. 지명관 위원장(2022년 사망)은 나중에 일본 문화 개방에 관한 회고의 글에서 이렇게 썼다. "그런 데 관여한다는 건 결국 국민 비난을 살 뿐인데, 주저하지 않을 수 없었다. 밀수입 형태로 일본 대중문화가 스며들어 오고 있다고는 해도 여론 조사에 의하면 아직 국민의 50% 이상이 반대였다. 개방에 대한 정부 의지도 확실하지 않았다. 역대 정부는 몇 번이고 일본 대중문화 개방을 한다고 했지만 확고한 의지가 없었고, 외교적으로 이용하는 듯한 인상을 줬다. 일본 측에 호의를 보여야 할 때는 개방한다고 말하지만 그 결과는 별로 나타나지 않고 용두

사미로 끝나곤 했다."(《문화예술》 2002년 4월호)

자문위원회가 구성될 무렵 지명관 위원장과 김성재 간사는 김 대통령을 만나 일본 대중문화 개방 의지를 확인했다. 그때 DJ가 했던 얘기를 두 사람은 이렇게 기억했다.

"한일 관계의 긴 역사에서 우호의 시대는 길고 불행한 시대는 극히 짧다. 문화는 상호 교류함으로써 발전하는 거 아닌가. 한쪽이 우위에 서는 경우가 있지만 그것은 영원한 것이 아니니 지나치게 두렵게 생각하지 말자. 일본 관광객이 찾아옴으로써 30억 달러의 수입을 얻는다는 경제적 이익도 있다. 국제 관계란 그런 것이다. 일본 관광객은 많이 와 달라고 하면서 당신네 대중문화는 안 된다는 건 이상하지 않은가."(지명관 위원장의 기억)

"우리 민족은 5000년의 문화 민족이지만 문화 쇄국주의는 안 된다. 문화는 가둬 둘 수 없다. 물 흐르듯이 자연스럽게 만나야 한다. 우리는 중국에서 불교와 유교를 받아들였지만, 수용만 한 게 아니라 해동 불교와 조선 유학으로 창조적으로 발전시켜 오히려 중국에 영향을 줬다. 백제 문화가 일본 문화의 터전이 됐다. 당당하게 자신감을 갖고 하면 된다."(김성재 간사의 기억)

訪 日 出國人事 98.10.7

人事 國賓, 3泊4日, 天皇의 主宰에 國王의 예망

1. 訪日韓日會談의 姿勢

① 兩國가 過去를 克服 未來에 共同協力 다짐으로 國民 level의 和解 發展을 基抔. 가장으로 가까운 나라로.

② 韓·日 兩國의 共同의 價値인 民主主義 市民主權 위에 韓半島에서의 平和에 安保 共同協力, 經濟協力 打開, 文化의 交流 그리고 특히 國民各階層간의 交流協力에 새로운次元의 韓日 同伴者 關係열겠다.

③ 冷戰北時代를 마치하여 韓日이 協力하여 아시아에서의 平和에 繁榮에 注力. 環境, 麻薬, 青少年 그리고 人權등에 共同의 役割. 특히 東北亞 가까운 地域의 協力을 為한 努力을 4者會談의 成事 등 批准에 協議하겠다. (3者會談→方案 보고)

④ 工夫는 過去의 對象 아닌 未來의 對象. 兩國모두 謙虛한 姿勢 必要. 우리 國民은 今番 日本 國民의 勇氣를 이번에 表示 하기를 바란다.

김대중 대통령이 1998년 10월 7일 일본 국빈 방문에 나서면서 작성한 국정 노트. '방일 출국 인사'라는 제목으로, 두 번째 항목에 "한일 양국 간의 공동의 가치인 민주주의와 시민 주권 위에 한반도에서의 평화와 안보, 경제 협력, 문화의 교류 그리고 국민 각 계층 간의 교류 협력에 새로운 차원의 한일 동반자 관계 열겠다"는 대목이 눈에 띈다. 김대중평화센터 제공

단계별 개방과 K-콘텐츠의 세계 진출

일본 대중문화 개방은 1997년 12월 대선 공약에는 들어 있지 않았다. 취임 후 첫 부처 업무 보고에서 지시할 정도면 공약에 포함하는 게 당연했지만 아무래도 득표에 유리하지 않고 논란만 부를 가능성이 컸기에 공약에서는 뺀 것이다. 그러나 김 대통령의 생각은 훨씬 오래전에 이미 정리돼 있었다. 야당 시절인 1995년 1월 DJ가 《신동아》에 기고한 글을 보면, 일본 대중문화 개방을 오랫동안 고민해 왔음을 알 수 있다.

"우리는 문화의 개방을 두려워해선 안 된다. … 지난 50년 동안 일본 문화의 진출을 봉쇄해 왔는데 그 결과가 무엇인가. 결국 일본 문화의 좋은 점은 받아들이지 못하고 저질 문화, 즉 섹스, 폭력, 마약, 엉터리 외국어 등 나쁜 문화만 잠입해 들어와서 범람하고 있다. 우리는 과거에 천하를 지배했던 막강한 중국 문화를 받아들이고도 이를 창조적으로 극복해 냈다. 서구 문화도 마찬가지다. 왜 일본 문화만 두려워해야 하는가. 우리는 문화에 좀 더 자신감을 가지고 적극적인 자세로 나가야 한다."

24명으로 구성된 '한일 문화교류정책 자문위'는 4단계로 나눠 일본 문화 개방을 단계적으로 추진한다는 기본 계획을 짰다. 국제영화제 수상작 등 평판이 좋은 것부터 먼저 개방해서 국내에 주는 충격을 줄이겠다는 뜻이었다. 일본 문화계 인사들과 심포지엄을 하며 인식의 폭을 넓혔다. 김 대통령의 일본 방문을 앞둔 그해 9월 신낙균 장관, 지명관 위원장, 김성재 간사는 이런 내용을 담은 개방안을 김 대통령에게 보고했다. 김 대통령은 4단계 개방안이 좋다면서 "그렇게 추진하라"고 말했다고 신낙균 장관은 회고했다.

1998년 10월 7일 김 대통령은 일본을 국빈 방문했다. 출국하는 날, 국정 노트에 "두 번째 한일 정상 회담의 자세. 일본을 가깝고도 가까운 나라로. 한반도에서 평화와 안보, 경제 협력, 문화 교류와 국민 간 교류 협력에 새로운 차원의 동반자 관계를 열겠다"고 적었다. 10월 8일 도쿄에서 오부치 게이조 일본 총리와 정상 회담을 한 뒤 '김대중-오부치 선언'이라 불리는 '21세기 새로운 한일 파트너십 공동 선언'을 발표했다. 최상용 명예교수는 "파트너십 공동 선언의 핵심은 역사 조항과 문화 교류 조항이다. 역사 조항은 무라야마 담화에서의 '아시아 국가들에 준 고통'이란 표현을 '일본이 한국 국민에게 준 고통'으로 분명하게 구체화해서 '통절한 반성과 사죄'를 문서화했고, 문화 조항에선 일본 대중문화의 한국 시장 개방을 확실하게 명시했다"고 말했다.

공동 선언에 따라 신낙균 문화관광부 장관은 10월 20일 일본 대중문화 중 영화·비디오·만화 부문을 1차로 개방한다고 발표했다. 이어 2차(1999년 9월)에서는 2000석 미만의 실내 공연이 개방됐고, 3차(2000년 6월)에서는 극장용 애니메이션이 허용됐다. 마지막 4차 개방은 일본 교과서 파동으로 중단됐다가 노무현 정부 때

이창동 문화관광부 장관이 2003년 9월 16일 서울 세종로 정부서울청사에서 일본의 영화·음반·비디오게임 분야를 2004년 1월 1일부터 전면 개방하겠다고 발표하고 있다. 이로써 김대중 정부에서 시작된 일본 대중문화 개방이 4차에 걸쳐 마무리됐다. ⓒ《한겨레》김태형 기자

인 2004년 1월 일본어 음반과 비디오게임까지 완전히 문을 열었다. 과거 보수 정권들이 정치적 지렛대로만 활용했던 일본 대중문화 개방은 이렇게 김대중 정부에서 시작되어 노무현 정부 때 마무리됐다. 이것이 K-콘텐츠 세계 진출의 발판이 됐음은 물론이다.

영화법 개정 반대와
스크린 쿼터 사수

노무현 정부에서 문화관광부 장관을 지낸 영화배우 김명곤 씨는 1990년 대 야당 총재 시절의 김대중을 이렇게 기억했다.

영화 〈서편제〉가 흥행을 일으키고 몇 달쯤 지난 1993년 말 또 는 1994년 초 한겨울의 일이다. 김명곤 전 장관은 후배가 연출한 연 극 제작을 도와서 서울 대학로의 소극장에서 공연을 하고 있었다. 100석도 안 되는 규모였는데, 어느 날 DJ가 부인 이희호 여사와 함께 연극을 보러 왔다고 한다. "추운 겨울에 DJ가 표를 산다고 줄을 서 있 다는 얘길 듣고 뛰어나가 '추운데 안으로 모시겠습니다' 하니까 '아 니오. 나 표 살 거요'라고 하셨다. 소극장 객석이 작고 긴 나무 의자였 다. '다리도 불편하신데 여기서 연극 못 보십니다. 나중에 제가 큰 극장에서 공연하면 그때 초대하겠습니다' 하니까 DJ는 '이 연극 보고 싶어서 왔어요'라며 끝까지 다 보고 극단 단원들과 소주까지 한잔하고 가셨다. 그때 이 양반이 정말 연극을 좋아하는구나, 그런 생각을 했다."

비슷한 이야기는 박근혜 정부에서 문화체육관광부 장관을 지낸 유진룡 씨한테서도 들을 수 있다. 유 전 장관은 "박정희 정부 말기에 공직 생활을 시작해서 박근혜 정부까지 일을 했는데, 내가 경험한 대통령 가운데선 문화에 대한 이해가 가장 깊었던 이가 김대중이다. 김대통령이 순수 예술 하시는 분들과 만나는 자리에 여러 번 배석한 적이 있다. 오가는 대화를 보면, 이 양반이 진짜 문화를 좋아하는구나 하고 진심을 느낄 때가 많았다"고 말했다.

문화를 이해하고 애정한 대통령

1998년 2월 대통령에 취임한 뒤 문화에 많은 투자를 하고 문화를 정책의 핵심에 둔 건 꼭 산업적 가능성만 염두에 뒀기 때문은 아니다. 한국의 콘텐츠 산업을 키운 대통령의 통찰력은 문화에 대한 오랜 이해와 애정이 있었기에 가능한 일이었다.

잘 알려지지 않았지만, 김대중은 제6대 국회의원 시절인 1966년 박정희 정부의 영화법 개정을 반대하는 운동에 앞장섰다. 군사 정부

1989년 5월 6일 DJ가 야당 총재 시절에 서울 명보극장에서 영화〈간디〉를 관람한 뒤 떠나고 있다. DJ는 영화와 연극을 자주 봤고 배우 및 스태프들과 작품에 관해 대화를 나누는 것을 즐겼다. 연세대 김대중도서관 제공

는 5·16 쿠데타 1년 뒤인 1962년 영화법을 처음 만들었다. 군소 제작사의 난립을 막겠다는 명분이었다. 실제로는 대형 제작사만 영화를 만들 수 있게 함으로써 정부 통제를 효율적으로 하자는 의도가 강했다. 박정희 정부는 1966년 영화법을 다시 개정했다. 시행규칙에 들어 있던 검열 조항을 본문에 명문화하고, 영화 제작사 설립 요건을 강화했다. 300평 이상의 촬영 스튜디오와 50킬로와트 조명기를 갖추지 않은 작은 영화사는 영화 제작을 할 수 없도록 했다. 김대중 의원은 이런 방향의 영화법 개정안에 반대하는 연설을 했다. 1966년 7월

14일 국회 본회의장에서였다. 연설을 보면, 1998년 2월 대통령에 취임한 뒤 펴는 문화예술 정책의 기조, '정부는 지원하되 간섭하지 않고, 최대한 자유롭게 문화인들이 활동할 수 있는 환경을 만든다'는 원칙이 그때 이미 드러나 있다.

"좋은 영화를 만들기 위해서 시설을 갖춰야 한다고 말합니다. 당연한 얘기입니다. 그러나 영화라는 건 1억 원 가치의 시설을 가진 사람이 1000만 원 가치의 시설을 가진 제작자보다 10배 좋은 영화를 만든다는 이유가 없습니다. 외국의 우수한 〈자전거 도둑〉이라든지 여러 주목할 만한 영화들이 개인 프로덕션에서 남의 시설을 빌려 만든 영화들입니다. … 예술은 개인의 자유로운 창의력을 통해 발전하는 것이지 물질적 조건만 갖고 되는 게 아닙니다. 본질적으로 예술인들이 얼마나 창의력을 발휘할 수 있는 여건을 만들고 자유롭게 활동할 수 있게 하느냐, 아무리 시설을 보강해도 영화 조금만 잘못하면 끌어다가 반공법으로 처벌하는 환경에선 좋은 영화가 나올 수 없습니다. (영화법 개정안엔) 영화 발전에 도움이 되는 조항이 거의 없습니다. 등록해라, 심사받아라, 신고해라, 처벌한다, 중지해라, 이런 조항뿐인 영화법은 영화 발전의 방해법입니다. … 신문을 보니까 미국에서 리처드 버튼과 엘리자베스 테일러가 나오는, 제목을 잠깐 잊어버렸습니다마는, 유명한 극영화를 영화화하는데 심히 에로틱한 장면이 나온다고 합니다. 그래서 국민에게 유해할지 모른다는 경고를 붙여서 허가를 했다는데, 아마 우리나라 같으면 당장 검열해서 상영 중지가 되었을 것이에요. ⋯ 정부가 정말 영화를 육성할 생각이 있다면 쓸데없이 간섭할 게 아니라 '영화 금고' 같은 것을 설치해 입장세 중에서 일부를 적립해서 좋은 영화 만드는 사람들에게 제작비를 대부 또는 저리 융자해 주고, 그래야 훌륭한 대형 제작이 되어서 세계로 뻗어 나갈 수가 있을 것입니다."(1966년 7월 14일 제6대 국회 24차 본회의 속기록)

1960년대에 국회의원 김대중이 했던 이야기는 놀랍게도 30년이 훨씬 지난 1998년 대통령이 된 뒤 정책으로 구체화했다. 우선, 공연법을 개정해 영상물등급위원회를 발족했다. 오랫동안 영화 사전 검열을 담당해 온 이른바 '공륜(영상물등급위원회) 체제'가 막을 내린 것이다.

또 영화 예술의 질적 향상을 위해 설치한 영화진흥금고의 정부 예산 지원을 크게 늘렸다. 김대중 정부는 1999년에 100억 원, 2000년 500억 원, 2001년 400억 원, 2002년 300억 원, 2003년 200억 원 등 5년간 1500억 원을 지원했다. 반면에 문화예술 단체 인사에는 개입을 자제했다.

문화 산업 육성과 스크린 쿼터

김명곤 전 장관은 김대중 정부에선 국립극장장을 지냈다. 김 전 장관은 "아무래도 대통령이 진보적이다 보니까 (문화예술 기관에) 그런 성향을 가진 분이 많이 발탁된 건 맞다. 그렇다고 해서 정치적으로 반대 성향을 가진 분들을 지원하지 않는다거나 배제하진 않았다. 내가 국립극장장일 때 예술 감독 등을 선임하는 데서 진보·보수를 그렇게 따지지 않았다. 이분을 모시고 싶다고 하면 문화관광부나 청와대에서 한 번도 거부하거나 문제 삼은 적이 없다"고 말했다.

영화 〈괴물〉 등을 제작한 영화 제작자 최용배 씨(현 한예종 교수)는 김대중 정부 시기의 '지원하되 간섭하지 않는다'는 정책 기조가 한국 영화의 세계화에 밑돌을 놓았다고 말했다.

"한국 영화가 큰 변화를 겪기 시작한 건 20여 년 전이다. 김대중 정부가 출범하면서 검열 제도가 사라졌다. 그전까지는 '이 영화는 권력을 비방한다' 또는 '북한을 미화한다' 이런 식의 검열이 공개적으로 존재했는데, 이게 사라지면서 '표현의 자유'가 완전히 보장됐다. 또 그때 정부가 영화진흥기구(영화진흥위원회)를 출범시키고 영화를 지원하는 예산을 크게 늘렸다. 그래서 재능 있는 영화인들과 중소 제작사, 배급사가 러시를 이루면서 새로운 한국 영화 붐이 일었다. 그 무렵 한국 영화가 국제영화제에 많이 초청받아 갔는데 20여 편의 초청작 가운데 대기업이 메인 투자사인 영화는 두어 개밖에 없을 정도였다. 봉준호 감독의 데뷔작 〈플란다스의 개〉가 단적인 예다. 이 영화는 대형 투자사와 제작사의 환영을 받기 어려운 영화였고 실제 결과도 그랬다. 그런데 이런 영화를 만들 수 있는 환경이 조성되면서 나중에 아카데미상을 휩쓴 '봉준호 영화'가 나타날 수 있었다."

김대중 대통령이 퇴임한 2003년은 〈살인의 추억〉이 평단과 관객의 찬사를 받으며 한국 영화의 르네상스가 왔음을 알린 해였다. 그해 12월 15일 서울 그랜드힐튼호텔 컨벤션센터에서 제11회 춘사 나운규 영화예술제가 열렸다. 〈살인의 추억〉은 대상과 감독상, 남우주연상 등을 휩쓸었다. 그날 가장 많은 박수를 받은 이는 감독상을 받은 봉준호도, 남우주연상을 받은 송강호도, 여우주연상을 받은 문소리(〈바람난 가족〉)도 아니었다. 공로상 수상자로 호명된 전직 대통령 김대중이었다. 김 전 대통령이 무대에 오를 때 모든 참석자가 뜨거운 기립박수로 축하했다. 전직 대통령에 대한 예우 때문만은 아니었다. 주최 측은 공로상 수상자로 선정한 이유를 이렇게 밝혔다. "재임 중 스크린 쿼터를 지키고 표현과 창작의 자유를 보장하는 방향으로 제도를 개선했으며, 1500억 원의 영화진흥기금을 마련하는 등 한국 영화 장기 발전의 버팀목이 됐다."

'문화는 흘러야 한다'며 일본 대중문화의 문을 열었던 DJ가 미국의 스크린 쿼터 철폐 요구를 끝내 거부한 건 좀 뜻밖이다. 외환 위기(IMF 사태) 이후 스크린 쿼터제를 폐지하라는 미국의 압력은 매우 거셌다. 미국과 투자 협정을 추진했던 김대중 정부로서는 외면하기 쉽지 않았다. 김대중 정부에서 문화관광부 장관을 지낸 김성재 씨(현재 김대중평화센터 상임이사)는 "당시 용산에 국립중앙박물관을 짓고 있었는데 바로 옆에 미군 헬기장이 있었다. 주한 미군 쪽에 대체 부지를

2003년 춘사 나운규 영화예술제에서 공로상을 수상한 뒤 기념 사진을 찍은 김대중 대통령. 김대중이희호기념사업회 제공

제공할 테니 헬기장을 이전해 달라고 요청했지만 미온적이었다. 그러던 중 토머스 하버드 주한 미국 대사가 나를 만나자고 했다. '스크린 쿼터를 폐지하면 헬기장을 이전하겠다'고 말하더라. 난감했다. 스크린 쿼터제는 절대 없앨 수 없다고 버텼다. 결국 용산의 다른 곳에 헬기장을 건설하는 것으로 타협을 봤다"고 말했다.

인생 최고의 관객은 DJ

스크린 쿼터제가 관객의 다양한 영화 선택권을 제한하고 독립영화 등의 발전에 별 도움을 주지 못했다는 비판은 타당한 측면이 있다. 그럼에도 김 대통령이 스크린 쿼터제를 지지한 건 현실적 타산에 기초한 판단이었다. "일본 대중문화는 문을 열어도 '상호 교류'가 가능하리라 봤지만, 스크린 쿼터를 폐지하면 미국 할리우드 영화가 우리 영화 시장을 지배하는 일방적인 관계로 끝날 거로 김 대통령은 걱정했다"고 김성재 전 장관은 말했다. 요즘 한국 영화·드라마의 세계 시장 진출은 그때 스크린 쿼터를 지켰기에 가능했다고 해도 과언이 아니다. 소비자 선택의 자유와 공정 경쟁이란 측면에서 논쟁과 비판을 할 수는 있겠지만, DJ의 스크린 쿼터 정책이 국가 이익에 도움이 됐다는 점은 부인할 수 없다.

최용배 한예종 교수는 "저는 김대중 정부 때 스크린 쿼터를 지킨 게 의미 있다고 본다. 음악이나 드라마는 자국 산업이 견딜 수 있지만 영화는 그렇지 못하다. 전 세계에서 극장업을 겸하지 않고 순수하게 영화 투자와 제작만 하는 회사 중에 20년 이상 지속하는 회사는 하나도 없다. 바로 할리우드 때문이다. 그 점에서 김 대통령 판단에 동의한다"고 말했다.

'국익'이란 보수적이고 국가주의적인 개념이다. 자유로운 사고 또는 인류의 보편적 가치와 종종 충돌한다. 미국이 냉전 시기 반공을 이유로 중남미 군사 정권을 지원한 것이나, 석유 확보를 위해 중동에 개입하는 것은 그런 사례다. DJ는 동시대 가장 진보적인 정치인이었음에도 항상 국익을 중요시했다. 실용적으로 정책을 입안하고 실천했다.

2003년 춘사영화제에서 공로상을 받은 김대중 대통령의 수상 소감은 "잊지 않고 저를 불러 줘서 고맙다"였다. 영화배우 김명곤 씨는 "내 인생 최고의 관객은 DJ였다"고, 최용배 교수는 "나는 DJ를 만난 적이 한 번도 없지만 정책이 어떻게 실행됐는지는 직접 몸으로 느꼈다"고 말했다. 지금도 많은 영화인이 김대중을 잊지 않는 이유다.

IMF 시대,
경제 정책 기조 전환을 선언하다

1998년 9월 28일 청와대 춘추관에서 열린 김대중 대통령의 '경제 특별 기자 회견'은 여러모로 특별했다. 이날 기자 회견에는 청와대 수석비서관들은 물론이고 14명의 경제·사회 부처 장관들이 모두 배석했다. 그해 6월 5일 '취임 100일 내외신 기자 회견'을 했는데, 불과 석 달 만에 큰 규모의 기자 회견을 다시 연 것도 이례적이었다. 김 대통령은 20개 가까운 기자들의 질문을 모두 받았다. 회견은 예정 시간을 넘겨 2시간 남짓 계속됐다. 이렇게 오랫동안 회견을 하는 게 자주 있는 일은 아니었다.

　더 '특별한 것'은 다른 데 있었다. 바로 김대중 대통령의 국정 노트다. 언제나 그렇듯 김 대통령은 기자 회견을 앞두고 국정 노트를 작

김대중 대통령이 1998년 9월 28일 청와대 춘추관서 열린 경제 특별 기자 회견에서 기자들의 질문에 답변하고 있다. 대통령 양옆에 14개 경제·사회 부처 장관과 수석비서관들이 모두 배석할 정도로 DJ는 이 회견을 중요하게 생각했다. 연세대 김대중도서관 제공

성했다. 회견에서 나올 예상 질문과 답변을 노트에 빼곡히 정리했는데 그 분량이 15장이었다. 재임 5년간 27권의 국정 노트를 썼지만, 한 사안에 관해 이렇게 많은 분량을 쓴 건 경제 특별 기자 회견이 유일했다. 대통령은 이 기자 회견의 중요성을 잘 알고 있었다. 초긴축·고금리, 구조 조정으로 대변되는 국제통화기금IMF 프로그램으로 실업과 경기 침체의 고통이 온 국민의 가슴을 짓누르던 시기였다. '경제 특별'이라는 수식어를 앞에 붙인 것도, 한국 경제가 IMF 관리 체제로 들어간 지 10개월 만에 이에 관한 정부의 평가와 입장을 공식 표명하

는 자리였기 때문이다.

IMF의 경제 통치를 끝내겠다는 선언

다음 날 아침 모든 조간신문의 1면 헤드라인은 '경기 부양'이었다.
《동아일보》는 '과감한 부양책으로 경기 살리겠다', 《매일경제》는 '돈
풀어 실물 경제 살리겠다', 《조선일보》는 '경기 부양책 지속 추진',
《경향신문》은 '경기 위축 더는 없을 것'이란 제목을 달았다. 《한겨레》
는 '허약 체질 놔둔 채 부양 모험'이라는 제목의 분석 기사에서 "김
대통령이 경제 특별 기자 회견을 통해 경기 부양 의지를 밝히고 정부
가 이달 말까지 금융 구조 조정을 일단락 짓기로 함에 따라 경제 정
책 기조가 완전히 바뀌게 됐다. 지금까지 우리 경제가 국제통화기금
IMF 관리 체제 적응기였다면, 앞으로는 이를 극복하는 데 정부 정책
의 초점이 맞춰질 것으로 보인다"고 평했다.

조간신문의 헤드라인처럼 이날 기자 회견은 외환 위기 이후 정부
경제 정책 기조의 전환을 선언하는 자리였다. 김대중 정부 초기에 금
융·기업 구조 조정을 총괄했던 이헌재 금융감독위원장(김대중 정부
3년 차인 2000년에 재정경제부 장관으로 자리를 옮겼다)은 이렇게 말했다.
"기자 회견은 1997년 11월 닥친 외환 위기에 대응한 '크라이시스 매
니지먼트crisis management(위기관리)'를 끝내고, '포스트post 크라이시스

매니지먼트'로 넘어가겠다는 뜻이었다. 은행 구조 조정을 1차로 끝냈고 IMF와 월드뱅크, 미국도 만족하니까 '이제 정상적인 정책을 쓰겠다'라는, 말하자면 IMF의 경제 통치를 끝내겠다는 선언이었다. 그래서 기자 회견 뒤 금리와 환율을 정상화하고, 수출 금융을 정상화하기 시작했다. (달러당) 1800원대 환율이 1250~1300원대로 내려갔고, 금리를 25~30%대에서 13%대로 끌어내렸다. 일반 서민 대출도 늘렸다. 특히 DJ 집권 이후 가장 힘들었던 게 재정 지출을 10% 삭감한 것인데, 긴축 기조를 끝내고 재정 지출을 늘리기 시작했다. 지금부터는 무너진 경제를 부흥시키는 정책으로 전환하겠다, 이게 바로 경제 특별

김대중 대통령이 1998년 9월 28일 경제 특별 기자 회견을 앞두고 작성한 국정 노트. 모두 15장으로, 한 사안에 관해 이렇게 자세하게 노트를 작성한 것은 '경제 회견'이 유일하다. 김대중평화센터 제공

기자 회견이었다."

김 대통령은 기자 회견 현장에서 기자들의 20개 가까운 질문을 모두 받았다. 대통령 국정 노트에는 14개의 주요 현안과 이에 관한 답변이 담겨 있다. 당시 청와대 공보비서관이던 박선숙 씨(김대중 정부 후반기에 공보수석 겸 대변인을 지냈다)는 "대통령 기자 회견 준비는 대개 공보수석실이 주도하는데, 그때는 '경제 회견'이라 경제수석실이 많이 관여했던 거로 기억한다. 각 부처에서 주요 현안에 대한 정부 입장과 예상 질문·답변을 작성해 보내면 경제수석실에서 1차로 취합했고 그걸 공보수석실에서 다듬었다. 그다음에 대통령이 참석한 수석비서관 회의에서 독회했는데, 이런 회의를 서너 차례 거치면서 축약된 내용을 대통령이 직접 자신의 언어로 국정 노트에 정리했을 것"이라고 말했다.

국정 노트의 '예상 질문'과 실제 기자 회견장의 질문은 대체로 일치한다. 그때까지만 해도 대통령에게 누가, 어떤 주제로 질문할지 기자실에서 미리 순서를 정했다. 질문 중복과 주요 현안의 누락을 피하기 위한 의도였다. 구체적인 질문 내용은 기자가 현장에서 직접 정했고 한두 가지 부수적 질문을 즉석에서 덧붙이곤 했다.

3. 司正方向

① 口號先就고 不正 부패로 指示.

② 이것 없으매 民心, 市況, 民氣 모두 난되, 方乙建이도

③ 盡力은 衙門政改地 不正과 不法 剝奪行爲, 庶民

　　諸逃고러면 SK議事, 引쪽正, 署名官 指敎(世事者自由

④ 이나라는 위부터 아래까지 腐敗. 이것고쳐야

⑤ 나의 政治경력 — 토론, 연마 전재였고

⑥ 盡役事件諸逃, 좋고의 문제라 12승이 따러라, 잘되도

　　　　　　　　　　　　　　　　　　　　　乎라매 榜樣된

⑦ 大統領이나 與黨잘못도 12승이 족구하라

⑧ 99年 11月 17日 以來의 政改 責을 不問, 不正을 밑때까지 盡고

⑨ ⑥次愛로바 주의 請該하겠다

⑩ 위부터 아래까지 完全히 盡고

⑪ 盡고등報 批判. 이제는 兩非論으로 盡고의 方案, 率범서로

⑫ 盡고이 信諸基盤 차라니 正反地, 차결서나 초澤선다

⑬ 千方百로, 莫大한 代價 — 事業를 기 버라고

경제 기자 회견에 관한 국정 노트 둘째, 넷째, 다섯째, 여섯째 장. 둘째와 넷째 장에서 IMF 위기가 '위부터 아래까지' 만연한 부정부패에서 초래됐다는 김 대통령의 인식을 읽을 수 있다. 김대중평화센터 제공

4. 外換관리

① 狀況(금제) 나보다 좋다 ...에서 先援 난소자
② 短期外債比率 99年末 44.3% 98.7月 25.2%
③ 可用外換 440억. 金末까지는 15기준(IMF) 410억$
④ 거기다 우리金보의 外換平金 경상수지 흑자지속 外換흑자 등 外換先換 充分하고 있다
X⑤ IMF外換은 우리國済가 구조라 견첫에 外, 구조조정 맛보 外換先換 다시 올수도

5. 外換投機防止方案

① 과거/非平의 外換市場 밑에서 現実로 動力없다 (이가自末 기는라캐 体質) — 100억 非以上 불가로 無句
② 그러나 外換投資規制로 外換去来는 그路않고. 現実로 受요 떨어추밀
③ 投投機막는 最善의길 — 経済改革를 보実하게 등등 対外 信認度 높이는것
④ 一旦 남시있는 外換自由化 거꾸로 되돌아 対外 信認度 깨교
⑤ 短期資金의 急激한 移動의 不作用 減少위한 국제적 안전장치 (safeguard) 設置 움직임에 同가

6. 景氣浮揚策

① 구조조정의 차질없는 推進으로 景氣浮揚

② 金融구조 풀리고 通貨增加속에 金融機關에 資金이 潛있고 돈이 풀개됨 — 通貨膨脹의 濫用하고 金利를 下向으로 — 金利 1겨리下 은 분부먹징값 8% 전후

③ 信用恐慌 지나면 4北 3,9백억 다시 4北 1,5백억

④ 新舊金融制度로 6北 규모의 耐久財 구방지원 金融 (③,④ 合치 10北 규모의 소비자 금융)

⑤ 民간改革할規모 GDP가 5% 규모. (20北 정도) 추정임

⑥ 金利策 — 耐久財 特別消費 税率引下. 등록 住宅 성업로 등에 引下. 建設業 投資에 대한 金利策 등 支援 적극추진

⑦ 室物리창불 대비토록 決코 뒤-투리 않고

⑧ 경기진작의 분조화고 늘으로 계속

2. 사정 방향

① 국가 위기는 부정부패가 초래

② 이것 없으면 민주, 시경(시민 경제), 정의 모두 안 돼. 제2건국도.

③ 도세盜稅는 전무후무한 부정과 국법 훼손 행위. 사과는커녕 독재 자, 탄압, 야당 말살

④ 이 나라는 위부터 아래까지 부패. 이것 고쳐야.

⑤ 나의 야당 경력-표적, 편파 절대 없다

⑥ 도세 사건 사과. 사정의 문제점, 국회서 따지라. 불공정 입증하면 특검도

⑦ 대통령이나 여당 잘못도 국회서 추궁하라

⑧ 97년 11월 17일 이전의 정치 자금 불문, 부정 끝날 때까지 사정.

⑨ 6항 수용 시 대화하겠다.

⑩ 위부터 아래까지 완전한 숙정

⑪ 사정 등한 비판, 이제는 양비론으로 사정 방해. 수구적

⑫ 사정이 경제 위축 운운은 정반대. 척결해야 경제 산다

⑬ 추석 선물, 막대한 떡값-기업들 기뻐한다

4. 제2환란

① 상황(국제) 나쁘나 한국에는 위기 안 온다

② 단기 외채 비율 97년 말 44.3%, 98. 7월 25.2%

③ 가용 외환 440억, 연말까지의 약속액(IMF) 410억 불

④ 거기다 우리 기업의 외환 예금, 경상 수지 흑자 지속, 환율 안정 등 외환 위기 절대로 없다

⑤ 그러나 IMF는 우리 경제의 구조적 결함에서, 구조 조정 실패 외환 위기 다시 올 수도

5. 외환 투기 방지 방안

① 하루 1조 불의 외환 시장 앞에서 규제는 효력 없다(작년 말 쓰라린 체험)-100억 불 이상 풀어도 무용

② 오히려 외국환관리법을 외국환○○법으로 개정, 규제를 전면 폐지 예정

③ 환투기 막는 최선의 길- 경제 정책을 견실하게 운용, 대외 신인도 높이는 것

④ 일관성 있는 외환 자유화 의지 보여야 대외 신인도 제고

⑤ 단기 자금의 급격한 이동의 부작용 감소 위해 국제적 안전장치 (safeguard) 설정 움직임에 관심

6. 경기 부양책

① 구조 조정의 차질 없는 추진으로 경기○○

② 금융 구조 끝나면 통화 증액분이 금융 기관에 적체 않고 돈이 돌게 됨-통화 신축적 운용하고 금리도 하향 조정-금리 1% 인하 시 기업 부담 경감 8조 원

③ 주택 금융 지난 시(時) 4조 3900억, 다시 4조 1500억

④ 6조 규모의 내구재 구입 지원 금융(③, ④ 합계 10조 규모의 소비자 금융)

⑤ 재정 적자 규모 GDP의 5% 규모(20조 정도) 적자 예상

⑥ 세제-내구재 특별소비세 인하. 신축 주택 양도소득세 인하. 제조업 투자에 대한 세액 공제 적극 추진.

⑦ 실물 경제 붕괴하도록 결코 놔두지 않겠다

⑧ 경제 진작 위한 조치는 앞으로도 계속

'취임 100일 기자 회견'을 한 지 불과 3개월여 만의 대통령 기자 회견이었다. 추석 연휴를 며칠 앞둔 시점이었다. '경기 부양이 필요하다'는 경제부처 건의를 받은 건지, DJ 자신의 판단에 따른 것인지는 분명하지 않다. 김 대통령은 그때 강봉균 청와대 경제수석(1999~2000년에 재정경제부 장관을 지냈다. 2017년 사망)과 긴밀하게 협의하면서 기자회견을 준비했다. 이헌재 금융감독위원장은 강봉균 수석을 통해 기자 회견에서 다룰 내용과 방향을 대통령에게 전달했다고 한다.

청와대 경제수석실 재경비서관으로 일했던 이윤재 씨(2006~2007년 《한겨레》 칼럼니스트로 활동했다)는 당시 상황을 이렇게 기억했다. "중소기업도 굉장히 어렵고, 실업과 재정 긴축으로 노동자·농민·자영업자 등 국민 모두가 매우 힘들던 시절이었다. 저는 그래도 IMF 프로그램을 가급적 원칙대로 준수하는 게 장기적으로 우리 경제에 도움이 되겠다는 생각을 비교적 많이 했다. 그런데 너무 고통이 심하니까 이규성 재경부 장관이 '이제 좀 풀어야 하는 거 아니냐'는 얘기를 많이 했고, 경제수석실에서도 '잘못하면 경제가 망가지겠다'고 생각해서 정책 방향을 바꾸는 쪽으로 갔던 거로 기억한다. 김대중 대통령도 외부 인사들의 얘기를 여러 통로로 폭넓게 들으셨으니까 아마 그런 생각을 했을 것이다. 다만, 대통령이 강봉균 경제수석에게 먼저 '정책 방향을 바꾸라'고 지시하진 않았으리라 본다. DJ가 (관료를 다루는 데서)

탁월한 게, 참모들에게 여지를 열어 두고 검토하라 한 뒤 그 결과를 수용하지, 무작정 먼저 지시하진 않는다는 점이다. 관료에게 힘을 실어 주면서 동시에 자신의 경제관을 실현해 나가는 걸 여러 번 봤다."

이헌재 당시 금융감독위원장은 김 대통령의 경제 특별 기자 회견을 이렇게 평가했다. "지도자는 현시점에서 국민에게 어떤 메시지를 던질까를 항상 생각해야 한다. 미국 대공황 시기에 프랭클린 루스벨트 대통령은 국민에게 '두려워하지 말라'며 뉴딜New Deal을 제시했고 이게 미국 사회를 바꿨다. 소련이 유인 우주선을 먼저 쏘아 올리자 존 에프 케네디는 '달에 먼저 착륙하겠다'는 비전을 제시하며 나사 NASA를 만들었다. 항공 우주 산업에서 미국의 절대적인 우위는 여기서 비롯했다. DJ의 9·28 기자 회견도 비슷하다. 외환 위기라는 초유의 사태 속에서 '이제 고통은 끝났다. 경제는 좋아질 것이다'라는 희망의 메시지를 고향을 찾는 국민에게 전달하려 했다. 대통령의 기자 회견은 그래야 한다고 본다. 국민에게 지금 상황이 이렇다, 국정을 이렇게 끌고 나가겠다는 명확한 메시지를 전해야 한다."

기자 회견을 담은 15장짜리 국정 노트의 첫 번째 장은 '경제 전망'이라는 소제목이 붙어 있고 이에 대한 대통령의 생각이 담겼다. 실제 기자 회견에서는 "대통령께서는 경제 전문가들과 달리 우리 경제를 낙관적으로 보시는 근거가 무엇인가"라고 따져 묻는 기자의 질문이 나왔다. 김 대통령 답변은 이랬다. "국제 조건은 대단히 위험하고 유동적이다. 우리는 외환 위기와 금융, 기업의 구조 조정을 거친 가운데 경기 하강과 실업자 대량 생산이라는 부작용을 겪고 있다. 게다가 수출의 경우 물량은 25%가량 늘었지만 가격은 오히려 줄어드는 환경이다. 그러나 내년은 달라질 것이다. 그간의 구조 조정 효과와 경쟁력이 되살아나고 내수 진작책의 영향이 나타날 것으로 본다. 10월부터 구조 조정이 끝나 은행들이 우량 은행, 즉 '클린 뱅크clean bank'로 전환되면 대출이 순조롭게 되고 자금 경색도 완화될 것이다. 중소기업들이 올해에 쓰러지지 않고 위기를 극복하면 활기를 찾을 것으로 본다. … 특히 한 가지 희망적인 것은 미국 금리가 인하될 조짐을 보이고 엔화는 계속 강세를 보이는 점이다. 우리 수출 여건이 좋아지게 될 것이다."

이런 대통령의 답변은 국정 노트에 적힌 내용과 대체로 일치한다. 국정 노트를 보면, 첫 장 맨 구석에 '⑨ 미 금리 인하美 金利 引下'라고 적은 메모가 있다. 실제 답변에서는 이 부분을 우리 경제에 매우 희망적인 시그널이라고 자세히 언급했다.

강력한 검찰 사정 의지를 드러내다

국정 노트 두 번째 장에서는 검찰 사정에 관한 질문에 답변할 내용을 키워드로 적었다. 기자 회견이 열린 9월 28일에도 대구에서는 검찰 수사를 비난하는 한나라당 집회가 열릴 정도로, 여야가 이 문제로 날

카롭게 대립하고 있었다. 그러나 국정 노트에 담긴 대통령의 사정 의지는 조금도 굽힘이 없다.

특히 ③항에 '도세盜稅'를 언급한 게 눈에 띈다. 그해 8월 언론에 처음 보도된 '세풍 사건'에 대한 김 대통령의 인식이 명료하게 드러나기 때문이다. 여름부터 검찰 수사가 본격화한 세풍 사건은 1997년 대선 국면에서 이석희 국세청 차장과 서상목 한나라당 의원, 이회창 후보의 동생인 이회성 씨 등이 의논해, 기업들에 세면 감면 등을 미끼로 166억여 원을 받아 선거 자금으로 쓴 사건이다. 김 대통령은 이 사안을 '도세'라고 부르며 "도세는 전무후무한 부정과 국법 훼손 행위"라고 적었다.

④항과 ⑩항에선 '이 나라는 위부터 아래까지 부패. 이것 고쳐야' '위부터 아래까지 완전한 숙정'을 강조했고, ⑧항에서는 '1997년 11월 17일 이전의 정치 자금은 불문에 부치겠으나 그 외의 부정은 임기 끝날 때까지 사정하겠다'고 밝혔다. 또 ⑩항에는 '추석 선물과 막대한 떡값-기업들 기뻐한다'고 적었다. 관행적인 추석 떡값이나 선물을 금지하면 오히려 기업은 좋아할 것이란 뜻이다. 한국전쟁 이후 최대 국란이라는 외환 위기를 맞은 건 정·관·재계를 포함한 우리 사회 전반의 부정부패 때문이라는 DJ의 인식을 엿볼 수 있다.

한편 DJ가 기자 회견에서 정말 하고 싶었던 이야기는 국정 노트의 그다음 장에 나온다. 바로 IMF 프로그램을 수정함으로써 경기 활성화에 나서겠다는 것이다.

IMF 프로그램 수정과
외환 위기 극복

1998년 9월 28일 김대중 대통령의 경제 특별 기자 회견에서는 뜻밖에 웃음이 번진 장면이 있었다. 물가는 뛰고 고금리로 은행 대출이 막히면서 기업과 국민 모두 극심한 고통을 받을 때였다. 초긴축·고금리의 IMF 프로그램 수정 용의를 묻는 기자 질문에 김 대통령은 "지난 대선 때 지나친 긴축과 고금리 정책은 다시 논의해야 한다고 했다가 혼나는 바람에 잘못하면 떨어질 뻔했다"고 말을 꺼냈다. 회견장에는 폭소가 터졌다.

실제로 그랬다. 김 대통령은 1997년 12월 대선을 앞두고 '국제통화기금과 재협상'을 주장했고 큰 논란이 일었다. '당선되면 IMF 프로그램을 그대로 이행하겠다'는 각서를 다른 대선 후보와 마찬가지로

DJ도 써야 했다. 그러나 IMF의 1차 구제 금융(약 56억 달러)이 들어온 뒤에도 외환 사정은 전혀 개선되지 않았다. 미국과 IMF는 추가 자금 지원을 머뭇거렸다. 이런 와중에 12월 18일 대선에서 김대중은 차기 대통령에 선출됐다.

IMF 플러스를 수용하다

김대중 대통령 당선자는 대선 다음 날인 1997년 12월 19일 빌 클린턴 미 대통령의 축하 전화를 받았다. 김 대통령은 자서전에서 "축하 전화는 인상적이었다. … 클린턴 대통령은 나에게 국제통화기금과의 합의를 성실하게 이행하라고 촉구했다. 미국 협상단을 신속하게 보내겠다고 말했다. 나는 솔직히 클린턴의 발언이 지나치다고 생각했다. 첫 통화인데 무례하다는 생각도 들었다. 그러나 한국은 수직으로 추락하고 있었다"고 회고했다.

DJ는 자서전에 나름 정제된 표현을 썼지만, 새 정부 인수위원장을 맡았던 이종찬 씨(김대중 정부에서 국가정보원장을 지냈다. 현재 광복회장)의 이야기는 좀 더 솔직하다. "김 당선자가 클린턴과 통화하고 방에서 나오는데 얼굴이 흙빛이었습니다. 국립묘지와 4·19 묘역 참배 외엔 모든 일정을 취소하라고 나에게 지시하더군요. 그래서 통역을 맡은 강경화 씨(문재인 정부에서 외교부 장관을 지냈다)에게 슬쩍 물어봤더니, 이건 '축하'가 아니라 거의 '겁박' 수준이었습니다. 한국을 어떻게 믿고 돈을 더 빌려주냐, 내가 사람을 보내서 차기 대통령인 당신을 한번 시험해 봐야겠다는 내용이었어요. 시험을 통과하지 못하면 IMF가 약속한 추가 구제 금융을 줄 수 없다는 거였죠."

DJ가 클린턴과 통화한 뒤 다시 파악한 우리나라 외환 보유고는 '연말 기준 마이너스 6억~9억 달러'였다. 사실상 국가 부도 상태였다. 12월 22일 데이비드 립튼 미 재무부 차관 일행이 한국에 도착했다. 그날 아침 김 당선자는 유종근 전북지사를 일산 자택으로 불렀다. DJ는 자서전에 "미국 경제통인 유 지사의 조언은 매우 유용했다. 나는 립튼이 무엇을 요구할지 물었다. 유 지사는 '아마 정리 해고 문제를 거론할 것 같습니다. 미국은 당선자를 테스트하러 오는 것입니다'라고 말했다. … 또 (막 워싱턴을 방문하고 돌아온) 김기환 대외협력 특별대사를 만났다. 김 대사는 '미국은 정리 해고제 도입 등 IMF 플러스를 요구하고 있다'고 워싱턴 분위기를 전했다"고 썼다. 그런데 DJ는 대선 기간에 '정리 해고제 2년 유예'를 노동계에 약속한 바 있었다. 난감할 수밖에 없었다.

유종근 지사가 기억하는 DJ와의 대화 내용은 대체로 비슷하지만 표현은 훨씬 세다. 유 지사의 이야기다. "나는 '천하의 김대중이 애송이 같은 미국 정부 차관에게 시험을 보는 꼴이 됐다'며 정리 해고를 당장 받아야 한다고 말했다. DJ는 벌컥 화를 냈다. '유 박사는 미국에서 교수 하고 한국에선 도지사 하면서 서류 결재만 해서 잘 몰라. 기업 운영해 봤어? 노동자들 월급 줘 봤어? 그렇게 함부로 노동자 해고하고 길에 내몰아선 안 돼'라는 거였다. '기업이 살아야 노동자도 삽니다. 10명 살리려다 100명 다 실업자 됩니다'라고 설득했다. 거의 한 시간 동안 격렬하게 토론했다."

결국 DJ는 정리 해고제를 포함한 'IMF 플러스'를 수용하기로 결심했다. "노동계 반발은 불 보듯 뻔하지만, 10만 명의 실업자를 구하려다 4000만의 나라 전체가 부도를 맞을 수는 없었다"고 그 이유를 자서전에 밝혔다.

구제 금융 프로그램 수정 전략

12월 22일 오전 11시 30분 서울 여의도 국민회의 당사에서 김 당선자는 립튼 차관과 스티븐 보스워스 주한 미국 대사를 만났다. "나와 새 정부에 대한 미국의 면접이었다"고 훗날 DJ는 말했다. 립튼은 예상대로 노동 유연성을 거론했다. DJ는 "새 정부는 IMF와의 협약을 100% 준수하겠다"며 미리 준비한 답변을 명확하게 전했다. 배석했던 유종근 지사는 "DJ가 '중요한 건 기업의 경쟁력'이라고 말하자 립튼 차관 얼굴이 환해졌다. '노동자를 해고할 수밖에 없는 상황이라면 실천하겠다. 기업이 살아나야 노동자들이 다시 취업할 수 있다'는 말에 립튼은 만족한 표정을 지었다"고 말했다. 립튼이 워싱턴으로 돌아간

대선 직후인 1997년 12월 22일 서울 여의도 국민회의 당사에서 김대중 대통령 당선자가 데이비드 립튼 미 재무부 차관(왼쪽)과 스티븐 보스워스 주한 미국 대사를 만나고 있다. 립튼 차관은 구제 금융 지원을 위해 한국의 새 대통령을 믿을 수 있는지 확인하러 한국에 왔다. 국회사진기자단 제공

직후인 12월 24일, 13개 선진국과 국제통화기금은 100억 달러를 한국에 조기 지원하겠다고 통보했다. 그렇게 국가 부도 위기를 간신히 넘겼다.

이런 과정이 있었기에, 특히 노동자와 자영업자·중소기업에 가혹한 '구제 금융 프로그램'을 수정하려는 DJ의 의지는 취임 초부터 강했다. 그러나 미국 및 국제통화기금과 대립하는 인상을 주지 않으려 무진 애를 썼다. 그런 노력이 대통령의 국정 노트에 담겨 있다. DJ는

"IMF 프로그램을 수정할 생각인가?"라는 예상 질문에 대한 답변을 이렇게 적었다. "일부 비판이 있지만, 금융과 기업 체질을 강화해야 한다는 IMF의 경제 개혁 주장은 적절했다. IMF가 없었다면 오늘의 구조 조정은 어려웠을 것이다. 그러나 한국 외환 위기를 미처 예측하지 못한 점은 IMF가 잘못을 시인했다. IMF 프로그램은 고정된 게 아니다. 은행의 자기자본비율(BIS 비율) 유지와 인력 감축 등은 IMF가 없더라도 우리가 해야 할 일이다. 앞으로도 IMF와 협력해 구조 개혁을 착실히 해 나가겠다."

DJ는 IMF 프로그램에 불만을 갖고 있었지만 그걸 내색하지 않고 미국과 IMF에 우리 사정을 이해시키면서 신뢰를 쌓아 나갔다. 이윤재 당시 청와대 재경비서관은 "사실 IMF 입장이란 게 미국 영향을 많이 받는다. 그전까지 미국과 IMF, 월드뱅크에선 한국을 믿을 수 없다는 분위기가 굉장히 강했다. DJ에 대해서도 좌파 또는 사회주의자 아니냐는 시각이 워싱턴엔 있었다. 그런 인식이 김대중 정부의 행동을 보면서 바뀌었다. 다른 나라 지도자들보다 믿을 만한 사람이다, 그런 생각이 커졌다. 내가 볼 때 DJ는 좌파나 사회주의자가 아닌 시장주의자다. 그런데 단순한 시장주의자라기보다는 시장이 가진 힘을 최대한 활용해서 사회적 어젠다를 풀어 나가겠다는 생각을 강하게 가진 지도자였다"고 말했다.

經濟記者會見　　　98. 9. 28

1. 經濟展望

① 外接危機收拾. 金融기업의 構造調整 — 內需
　　景氣萎縮 不可避

② 輸出 도 物量 20%以上 擴大했다 金額으로 縮少

③ 來年은 狀況 달라진다. 構造調整効果. 經濟
　　不安解消되면 內需景氣가 漸次 되살아난다 (內需...)

④ 10月부터는 銀行들 優良銀行 (clean bank) 으로正常化

⑤ 98年의 試鍊 克服 中小企業 — 金融비 제대로돌면

⑥ 5大그룹 經營革新 되면 經濟競爭力 向上

⑦ 今明間에 輸出 競爭力 向上

⑧ 政府의 內需振作策 總動員

⑨　Ⓐ 財政赤字　5.6　　約20兆
　　Ⓑ 失業對策費　5.6 → 8.2兆 (+45.3%)
美　Ⓒ SOC投資　11.5兆 → 12.1兆 (+5.0%)
金　Ⓓ 住宅구입. 租稅財구입. 劑賦 金融 카드소費買入 10兆
利　Ⓔ 把握하는 硏究機關도 構造개혁 내수진작 되면 경제成長한다
引
下　Ⓕ IMF. OECD. 미국. WSJ. ECONOMIST 등

DJ가 1998년 9월 28일 경제 특별 기자 회견을 앞두고 작성한 국정 노트 첫째 장. "외환 위기 수습과 금융·기업 구조 조정으로 내수 경기 위축이 불가피했지만 내년엔 달라진다. 재정 적자를 감수하더라도 내수 진작책을 총동원하겠다"는 내용을 담았다. 김대중평화센터 제공

3. IMF 프로그램 修正

① ~에 対해 그러나 *經濟政策리것 實行*-金融·企業 49項

② IMF 요요지만 오늘의 구조조정 어려웠다

③ IMF간 본문제 - 한국위기에 관 본란 것인 것

④ 원서 BIS 比率높게, 人力減 擴大등이 IMF요 어르같일

⑤ IMF Program 도 圖르내다. 중金融마제 弱肉 大비하나
  한기소용. 短金融흦는 長興

⑥ 앞으로도 IMF에 協力, 구조개혁 蓍實히

⑦ 人力減·企業소모도 윤영기운 失崇을 나 만들기위해.

김대중 대통령 국정 노트의 셋째 장. 국제통화기금(IMF)과 대립하지 않으면서 '초긴축·고금리'의 프로그램을 수정하려는 DJ의 생각을 엿볼 수 있다. 김대중평화센터 제공

〈경제 기자 회견〉 98. 9. 28

1. 경제 전망

① 외환 위기 수습, 금융과 기업의 구조 조정-내수 경기 위축 불가피

② 수출도 물량 20% 이상 증대했으나 금액으로는 축소

③ 내년은 상황 달라진다. 구조 조정 효과, 내수 진작책, 경제 불안 해소
  되면 내수 경기가 점차 되살아난다

④ 10월부터는 은행들 우량 은행clean bank 돈줄 정상화

⑤ 98년의 시험 극복 중소기업-금융만 제대로 돌면

⑥ 5대 그룹 경영 혁신하면 경제 경쟁력 향상
⑦ 전반적인 수출 경쟁력도 향상
⑧ 정부의 내수 진작책 총동원 ⓐ 재정 적자 5% 약 20조 ⓑ 실업 대책비 5.6→8.2조(+45.3%) ⓒ SOC 투자 11.5조→12.1조(+5.0%) ⓓ 주택 구입, 내구재 구입, 할부 금융, 카드 부채 매입 10조 ⓔ 비판적 연구 기관도 구조 개혁·내수 진작되면 플러스 성장 된다 ⓕ IMF, OECD, 미국, WSJ, ECONOMIST 등
⑨ 미 금리 인하

3. IMF 프로그램 수정
① 일부 비판, 그러나 경제 개혁 주장 적절-금융·기업 체질 강화
② IMF 없었다면 오늘의 구조 조정 어려웠다
③ IMF 잘못 시인-한국 위기 미리 몰랐다는 것
④ 은행의 BIS 비율 유지, 인력 감축 등은 IMF 없어도 할 일
⑤ IMF program은 고정 아니다. 매 분기마다. 선거 때의 한나라의 소동
⑥ 앞으로도 IMF와 협력, 구조 개혁 착실히
⑦ 인력 감축은 모든 은행원을 실업자 안 만들기 위해

재계 빅딜과 2008년 세계 금융 위기

국제통화기금의 체면을 세워 주면서 IMF 프로그램을 수정하겠다는 전략은 성과를 거뒀다. 한국 정부와 국제통화기금의 프로그램 수정 논의는 이미 그때 상당히 진척이 된 상황이었다. 이헌재 금융감독위원장은 당시 상황을 이렇게 설명했다.

"한국 외환 위기를 예측하지 못한 책임 문제가 일자 뉴욕의 월스트리트는 두 가지를 거론했다. 하나는 우리 기업 재무 구조의 불투명성이고 또 하나는 과도한 부채였다. 이걸 거론하면서 IMF 통치 체제로 가야 한다고 주장했고, 미국 정부는 일본이나 다른 나라가 한국을 돕는 걸 막았다. 한국은 말 그대로 고립무원이었다. 1998년 들어서 노사정 합의하고, 금융 구조 조정하고, 재정을 실질적으로 줄이니까 월스트리트에서 한국을 다시 신뢰하기 시작했다. 그래서 그해 6월부터 금리와 환율을 정상화하기 위한 물밑 대화가 시작됐다. 그 무렵 해외에서도 한국에 대한 IMF 처방이 너무 가혹했다는 자성이 나왔다. 중남미나 동남아처럼 재정 파탄 국가의 모델을 한국에 적용한 건 잘못이라는 비판이 확산됐다. DJ의 경제 특별 기자 회견은 바로 그런 시점에 나왔다. 해외에서 그런 평가가 나오니까 DJ는 자신감을 갖고 '금리·환율을 정상화하자, 독자적 주권 국가로서 경제 정책을 스스로 해 나가겠다'는 선언을 한 것이다. 한편으론 국제통화기금이 너무 심했다고 비판하면서, 다른 한편으론 통화기금 덕분에 우리가 구조 조정을 할 수 있었다고 추켜세웠다. 그런 고도의 정치적 행위가 기자 회견엔 담겨 있었다.”

경제 기자 회견이 '고도의 정치적 행위'인 것은 재벌 간 빅딜big deal 을 언급한 데서도 드러난다. 재벌의 비주력 분야를 상호 교환 또는 강제 매각하도록 하는 빅딜은 그해 6월부터 가시화했지만 지지부진한 상태였다. 빅딜에 비판적인 시각이 적지 않았다. 그런데도 김 대통령은 기자 회견에서 빅딜 추진을 재차 밝혔다. 김 대통령은 국정 노트의 '재계 빅딜 구상'이라는 항목에서 “재계가 약속한 개혁을 하지 않을 경우 해당 기업의 건전성 회복에 큰 결함이 있다고 보고 금융기관 여신 중단과 융자 회수 등 조처를 취해 퇴출시키겠다”고 으름장을 났다.

이헌재 금융감독위원장과 이윤재 청와대 재경비서관은 모두 빅딜 성과에 회의적이었다고 말했다. 이윤재 비서관은 “빅딜은 김 대통령이 계속 얘기하던 시장경제적인 방식이 아니었고, 성과를 기대하기도 힘들었다. 경제수석실이 굉장히 고생했던 기억이 있다”고 말했다. 이헌재 금감위원장은 “빅딜의 성과는 없었지만 DJ의 정치적 균형 감각은 인정할 만하다”고 평했다.

또 이헌재 위원장은 “나는 빅딜에 반대했다. 한국항공우주산업KAI 을 만든 것 등을 빼곤 결과적으로 효과는 별로 없었다. 다만, '대통령의 선택'으로선 이해할 수 있다. DJ는 정치적 측면을 봤을 것이다. 국민은 허리띠를 졸라매는데, 재벌도 고통 분담을 한다는 상징적 조처가 필요했을 것이다. 재계도 고통 분담을 한다, 재벌 개혁을 허투루 끝내지 않겠다는 하나의 징표로서 빅딜을 제기하지 않았을까 싶다. 사실 재무제표 투명성이나 대기업 부채를 줄이는 건 국민 눈에 잘 띄지 않는다. 그런데 정작 효과를 본 건 이런 '투명성 강화'다. 2008년 세계 금융 위기 때 우리나라 재벌들이 살아남은 건 부채 구조가 튼튼했고 은행이 튼튼했기 때문이다. 김대중 정부 시절의 노력이 그런 결과를 낳았다고 본다"고 말했다.

모성 보호 3법과 여성부, 성평등 정책의 실현

"우리는 1963년 4월 초 동교동으로 이사를 왔다. 어느 날 국회에서 귀가한 남편은 2개의 문패를 내놓았다. '김대중', '이희호'. 영문을 모르는 나는 어리둥절할 수밖에 없었다. '우리 대문에 당신과 내 문패를 나란히 답시다. 가정은 부부가 함께 이뤄 나가는 거 아닙니까? 부부는 동등하다는 걸 우리가 먼저 모범을 보입시다.' 자신의 문패를 주문하다가 문득 내 생각이 났다는 것이다. 남녀가 유별하고 남편을 하늘이라 믿고 따르라고 가르친 그 시대에, 더욱이 시어머니를 모시고 살면서 며느리 문패를 단다는 것은 가히 혁명적인 발상이었다."

김대중 대통령의 부인 이희호 여사 자서전 《동행》에 나오는 대목이다. 서울 동교동 자택에 김대중·이희호 이름을 함께 쓴 문패를 달게 된 경위를 밝히고 있다. 요즘이야 문패를 단 집을 찾기 힘들뿐더러 있다고 해도 부부 이름을 함께 쓴 문패를 발견하는 게 그리 어렵지 않지만, 1960년대에 이런 문패를 건다는 것은 이희호 여사 말처럼 '혁명적'인 일이었다. 연세대 김대중도서관의 장신기 박사는 "전국에서 그런 문패를 단 집은 아마 김대중·이희호 부부가 유일했을 것"이라며 "DJ가 젊은 시절부터 여성을 정치·사회·경제적 측면에서 동반자로 인식했다는 걸 보여 주는 상징적 장면"이라고 말했다.

1971년 대선 공약이었던 성평등 정책

성평등 문제에서 김대중의 인식이 동시대 정치인보다 월등히 앞서갔음을 보여 주는 사례는 또 있다. 1970년 10월 31일 신민당 대통령 후보 김대중이 직접 작성한 '제7대 대통령 선거 유세 연설문 초안'을 보면 이런 정책 공약이 나온다.

"II. 여성지위향상위원회의 신설 1. 신민당이 집권하면 대통령 직속하에 여성지위향상위원회를 신설한다 2. 1600만 여성의 지위 향상과 능력의 개발은 민주주의의 기본 권리에 속하는 문제인 동시에 국력의 증강을 위해서도 극히 중요한 일이다 3. 일찍이 유엔UN은 여성 지위 향상을 위한 기구를 가지고 있으며 세계 많은 국가들이 이에 따르고 있다."

가히 한 세대를 앞선 공약이다. 1971년 제7대 대선 때의 공약이 김대중 대통령 시절에 현실화한 것은 성평등 정책도 마찬가지였다. 1971년 대통령 선거에서 김대중이 내건 '대통령 직속 여성지위향상위원회' 공약은 1998년 김대중 정부가 출범한 뒤에 '대통령 직속 여성특별위원회'로 결실을 맺었다. 여성특위는 2001년 1월 입법권과 집행권을 가진 여성부로 발전했다. 첫 여성부 장관에는 한명숙 새천년민주당 국회의원(노무현 정부에서 국무총리를 지냈다)이 임명됐다. 한명숙 장관은 "처음엔 102명의 공무원과 300억 원이 채 안 되는 예산으로 일을 시작했다. 집행 부처라기보다는 정책 부처에 가까웠다"고 말했다.

한명숙을 초대 여성부 장관으로 발탁한 데에는, 그가 국회에서 모성 보호 관련 3법(근로기준법, 남녀고용평등법, 고용보험법) 개정을 주도했다는 점이 작용했다. 모성 3법은 여성부 출범 후인 2001년 7월 18일 국회 본회의를 통과했다. 한국이나 미국이나 중요한 법안은 공포 직전에 대통령이 공개적으로 법안에 서명하는 세리머니ceremony를 갖는다. 그해 8월 13일 김 대통령은 청와대에서 모성 보호 관련 3법 서명식을 열었다. 그는 "역사적인 법 개정"이라고 평가하면서 "여성이 해고의 위협 없이 출산하고 육아를 위해 여성 자신이나 그 배우자의 휴가를 얻을 수 있게 됐다. 장기적으로는 농어민, 전업주부, 자영업 주부에 대한 문제로 발전시켜 나가야 한다"고 말했다. 전국에 초고속 인터넷망을 깔 때도 그랬지만, 김 대통령은 제도의 틀 안에서

2001년 4월 18일 김대중 대통령이 새로 출범한 여성부의 한명숙 초대 장관으로부터 업무 보고를 받고 있다. 김 대통령은 "인류사적으로 이제 여성의 시대가 왔다. 지식 기반 사회에선 여성이 남성과 동등하게 경제의 주체로 참여해야 한다"며 여성부의 역할을 격려했다. 연세대 김대중도서관 제공

혜택을 보는 여성뿐 아니라 바깥에 소외된 이들에게 정책이 확산되도록 하는 데 신경을 썼다.

법안 서명식 뒤 김 대통령은 여성계 인사들과 오찬을 했다. 오찬을 앞두고 작성한 국정 노트에는 모성 보호 관련 3법을 바라보는 DJ의 인식이 담겨 있다.

국정 노트 내용 중에 '여성의 시대'라는 별도 항목이 눈길을 끈다. 이 항목에서 김 대통령은 여성의 사회 참여를 거듭 강조했다. 지식

母性保護 関聯 3法 (法案) '01. 8.13

1. 政治의 내에선 團保障이 勞力 財産을 企業에 財産이 안사

2. (社会性소득세) 使用者의 一般的 負担 → 社会성소得세

3. (女性政事) 女性에 出産 없는 女性 支援 努力. 시너등 인정

4. (農漁民의 自営業) 기 女性 에도 秦漢 擴大 努力

5. (生命社) 이념 覺悟로 生志志向上에 더욱 努力을
        女性에 명상사

1. (勞動力中心에서) 智誠 情報化, 女性의 組織網을 강구

2. (서로 人力交流) 女性이 참 弄하게 기속守. 母性保護 지속되어

3. (大学女性) 54 새 社会众动. 大卒男性 93%

4. (人力자원) 서발각시 300万仕. 중內戰 120万

5. (母다리귀원) 人力 (女性) 供給이 로 需要

6. (社会進出 권장등) 이障壁 됨. 出産休暇제. 育児休職 —첫기로

7. (機会가 괜찮다) 女性에 運動. 自己実現. 愛情幸福 —生命社

8. 参議政 그리고 女性時会心에서 수方가 잘못 실행

〈모성 보호 관련3법(개정) 오찬〉01.8.13
1. 개정 위해 애쓴 관계자와 협력해 준 기업에 치하와 감사
2. (사회적 분담) 사용자의 일방적 부담→사회적 분담 시도
3. (여성 정책) 여성부 많은 여성 지원 노력. UN 등 인정
4. (농어민과 자영업)의 여성에도 혜택 확대 노력
5. (생산성)이 법 계제로 생산성 향상에 더욱 노력을

〈여성의 시대〉
1. (노동력 중심에서) 지식 정보화, 여성의 섬세한 감각
2. (새로운 인력 시장) 여성이 대등하게 참여, 모성 보호 3법 기여
3. (대졸 여성) 54%만 사회 참여. 대졸 남성 93%
4. (인력 부족) 새 일자리 300만 개, 전문직 120만 개
5. (모성 3법) 인력(여성) 공급에 큰 기여
6. (사회 진출 걸림돌)이 제거됨. 출산 휴가, 육아 휴직-획기적
7. (국민의 주시) 여성의 건강, 자기 성장, 가정 행복-생산성
8. (노사정 그리고 여성계) 합심해서 제도의 완착 실현

정보화 사회에서는 여성의 섬세한 감각이 중요한데, 모성 보호 3법이 출산 휴가·육아 휴직을 확대함으로써 여성의 사회 활동 참여에 큰 역할을 할 것이라고 기대했다. 그때만 해도 여성은 기업에 취직할 때, 특히 은행에서는 '결혼과 동시에 퇴직한다'는 서약서를 공공연하게 쓰게 하던 시절이었다. 이런 전근대적 차별을 금지하고 일과 가정을 양립할 수 있도록 국가가 지원해야 한다는 것이 김 대통령의 생각이었다.

여성의 지위 향상은 DJ의 역점 과제

DJ의 시각은 2002년 2월 6일 여성부로부터 받은 두 번째 업무 보고 기록에도 잘 드러난다. 여성부의 첫 번째 업무 보고(2001년 4월 18일)에 관한 친필 기록은 없지만, 두 번째 업무 보고를 앞두고 작성한 국정 노트는 남아 있다. 내용은 이렇다.

보육 정책을 여러 차례 강조한 점이 눈에 띈다. 여성의 사회 활동과 취업에 가장 큰 걸림돌로 보육 문제를 꼽으면서, 김대중 정부가 가장 역점을 둬야 할 여성 정책은 '보육'이라고 말하고 있다. 임기 마지막 해(2002년)의 3대 과제에서도 탁아를 첫손가락에 꼽았다. 또 여성의 사회 진출은 인권 측면뿐 아니라 국가 발전을 위해서도 중요하다고 적은 대목이 인상적이다. 한명숙 장관은 "저도 그랬지만, 일과

가정의 양립을 김 대통령은 항상 강조했다. 특히 아이가 어렸을 때부터 국가가 돌봐 줘야 한다는 굳은 신념을 갖고 계셨다"고 말했다.

DJ는 역점 과제의 두 번째로 '여성의 정계 진출과 영향력'을 꼽았다. 김 대통령은 동시대 어느 정치인보다 여성의 정치 진출에 앞장섰다. 박영숙·이우정·신낙균·한명숙 등 여성 운동 리더를 정당 부총재 또는 비례대표로 영입했다. 저출산고령사회위원회 사무처장을 지낸 박진경 박사는 "1996년 15대 총선까지 3%에 불과했던 국회 여성 의원 비율은 2000년 16대 총선(5.9%)부터 늘어나기 시작해 21대엔 19%까지 확대됐다. 비례대표 여성할당제를 공직선거법에 명문화한 게 큰 영향을 끼쳤다. 이런 법 개정이 가능했던 건 야당 시절부터 이를 주장하고 실천한 김대중 대통령의 영향이 크다"고 말했다.

시대를 앞서간 성평등 의식을 실현하다

여성의 정치 참여와 관련해 권노갑 김대중재단 이사장이 기억하는 반세기 전 일화는 신선하다. 1971년 5월 제8대 국회의원 선거를 앞둔 시점이었다. 한 달 전에 열린 대통령 선거에서 김대중 신민당 후보가 박정희 공화당 후보에게 아깝게 패한 직후였다. 신민당의 전국구 공천을 협의하기 위해 유진산 총재와 양일동 부총재, 대통령 후보였던 김대중이 명동의 한 호텔에서 만났다. 권노갑 고문은 대통령 후보의

女性部業務報告　　02. 2. 6

(事) 1. 靜娟治下者. 女性部關係者 — 1周年祝賀宴, 感謝

2. 各界女性指導者에게 感謝

3. 女性地位 — 母性保護關係法 改正 (出産하고 兒童을 낳아야 社會가 유지)

4. 女性平等誕生 — 모든 分野 (CEO. 候補 등)

5. 國民의 政府 4年과 女權伸張 努力
　○ 女性會의 滿. 과연. 독선키. 이혼
　02年 3大 課題 ① 把握　④ 공무원 女性 채용향
　○ 탁경사 ③ 원스톱 세터의 役割

6. 就業率. 實地現載. 賃金比率 — OECD 믿본보다 뒤떨어져

7. 5～10年內 先世界따라잡아야. 女性위계정 3무제
　3억2천 샜부金(5勞부)

8. 21세기에 女性 — 國家競爭力의 核心 — 女性의 活用

9. 女性의 社會 活動가 妨害에 最大障害 — 保育문제

10. 國民의政府 마무리에서 最高女性政策 — 保育문제
　2月末까지 政府에서 具體策 마련하고 — 女性部 努力

11. 女性部 — 女性社會에서 빠져나와 더 適極的 위해

12. 獨山의 悟事 — 人身賣買. 女性差別 등 根絶되아

④ 女性의 家業資格賦與. 民主主義 發展에, 女性의 役割 너치는 봇으로요

김 대통령이 2002년 2월 6일 여성부 업무 보고를 앞두고 작성한 국정 노트. 보육 정책의 중요성을 여러 번 강조하고 있다. 김대중평화센터 제공

〈여성부 업무 보고〉 02. 2. 6

인사

1. 한명숙 장관 여성부 관계자-1주년 축하, 감사
2. 각계 여성 지도자에 감사
3. 여성부 주도-모성보호관련법 개정(육아를 국가와 사회가 분담)
4. 여성 장군 탄생-모든 분야(CEO, 장·차관 등)
5. 국민의정부 4년과 여권 신장 노력
   * 여성 음주, 끽연, 독신주의, 이혼
   * 2002년 3대 과제 ① 탁아 ② 정계 진출과 영향력 행사 ③ 월드컵에
   서의 역할
6. 취업률, 관리직, 간부 비율-OECD 선진국 중 최하
7. 5~10년 내 선진국 따라잡아야. 여성부 계획 고무적. 30위 이내(5년 내)
8. 21세기와 여성-국가 경쟁력의 원천-여성의 활기
9. 여성의 사회 활동과 취업에의 최대 장애-보육 문제
10. 국민의정부 마무리 해의 최고 여성 정책-보육 문제
11. 여성 진출-여성 인권만이 아니라 국운 융성 위해
12. 군산의 참사-인신매매, 여성 차별 등 근절돼야
◎ 여성부 1년 업적 치하. 더 한층의 분발을. 여성의 세기 위한 선구자

민정 담당 보좌역으로 그 자리에 함께했다고 한다. 김대중은 유진산 총재에게 당선 가능한 전국구 후보에 이태영 박사를 꼭 넣어 달라고 요청했다. "이제 여성도 국회에 진출해야 한다. 이태영 박사는 우리나라 첫 여성 변호사이고 여성 인권 운동을 하고 있으니 손색이 없다"고 말했다. 유 총재는 단칼에 거절했다. 이태영 박사의 남편인 정일형 전 외무부 장관이 신민당 국회의원(서울 중구)인데, 부부가 함께 국회의원을 하는 게 말이 되냐는 논리였다. 그러자 김대중은 "남편이 국회의원이라고 해서 부인이 국회의원 하지 말라는 법이 있습니까"라며 큰소리로 따졌다. 권노갑 이사장은 "DJ가 그렇게 따지니까 유진산 총재가 어이없다는 표정을 짓던 게 기억난다"고 말했다.

이태영 박사는 1971년 4월 대선에서 이화여대 법정대학장을 그만두고 김대중 후보를 열심히 도운 1세대 여성 운동가였다. 김대중이 이 박사를 전국구로 추천한 데에는 그런 개인 인연이 작용했을 터이다. 하지만 남편 직책과는 별개로 부인의 능력을 평가해 공직에 발탁하려는 모습에서, 시대를 앞선 DJ의 성평등 의식을 엿볼 수 있다.

국민기초생활보장법 제정과
복지 국가의 꿈

1999년 6월 21일 울산광역시를 방문한 김대중 대통령은 지역 인사들과 오찬을 하는 자리에서 뜻밖의 '깜짝 발언'을 했다. "중산층과 서민지원을 위한 국민생활보장기본법을 만들어 국민이 안심하고 살 수 있도록 하겠다."

누구도 예상하지 못한 내용이었다. 정부 부처도 놀랐고, 여야 정치권도 놀랐고, 시민사회도 놀랐다. IMF 사태 이후 참여연대를 비롯한 시민사회 단체들은 연대회의를 만들어 국민기초생활보장법 제정 운동에 힘을 쏟았다. 모든 국민에게 최소한의 인간적인 삶을 보장하자는 것이 목표였다. 정부 부처와 보수 진영의 반대는 완강했다. 재정이 견딜 수 없고, 근로 의욕을 떨어뜨려 경제를 망가뜨릴 것이라고 주장했다.

　시민사회의 법 제정 운동이 본격화한 1999년 4월, 기획예산처는 '주요 국가의 사회 복지 개편 동향'이라는 자료에서 "일할 능력이 있는 자까지 공적公的 부조를 지급하는 것은 근로 의욕을 저하시키게 되므로 근로 의욕이 있는 자는 직업 훈련과 일자리 제공에 역점을 두어야 한다"고 밝혔다. 이 때문에 시민사회 연대회의조차 정부 태도나 사회 여론이 아직 성숙하지 않았다고 보고 있었다. 그런 와중에 갑자기 핵폭탄의 위력을 가진 대통령의 법 제정 발언이 터져 나왔다고 안병영 연세대 명예교수는 밝혔다(논문 〈국민기초생활보장법의 제정과정에 관한 연구〉, 2000년).

복지는 자선이 아니라 인권 문제

'울산 발언'을 계기로 상황은 급변했다. 그동안 반대해 온 정부 부처, 특히 보건복지부의 태도가 바뀌었다. 시민사회(연대회의)에서는 다음 날인 6월 22일 긴급회의를 열고, 9월 정기 국회 전에 법안 통과를 위한 활동에 박차를 가하기로 결의했다. 국회도 빠르게 움직이기 시작했다. 여당인 새정치국민회의에서 법안 준비에 적극 참여했던 이성재 당시 국회의원은 "그 무렵 청와대와 시민사회의 가교 역할을 한 김성재 한신대 교수(DJ의 '울산 발언' 사흘 뒤인 6월 24일 청와대 민정수석에 임명된다)와 연락하면서 법안을 추진했는데, 김 대통령의 '울산 발언'이 터져 나왔다. 그 뉴스를 접하고 내가 원내 총무실로 달려가 '대통령이 결심하셨으니 빨리 입법하자'고 말했던 기억이 난다"고 밝혔다. 한나라당에서는 김홍신 의원 주도로 별도의 국민기본생활보장법을 발의했다. 두 당의 법안을 절충한 '국민기초생활보장법'은 1999년 8월 9일 국회 본회의를 통과했고, 1년의 유예 기간을 거쳐 2000년 10월부터 본격 시행에 들어갔다.

이 법은 우리나라에서 복지의 개념을 근본적으로 바꿨다. 김 대통령의 말처럼 "복지는 자선이 아니라 인권"이라는 차원에서 재정립됐다. 구인회 서울대 교수(사회복지학)는 "빈곤층의 최저 생계 보장이 국가의 시혜가 아니라 하나의 시민적 권리로서 자리매김했다는 데 가장 큰 의의가 있다. 그전에도 생활보호법이 있긴 했지만 정부가 예산 여건과 재량에 따라서 들쭉날쭉 지원했다. 이젠 일정 조건에 부합하는 수급자에겐, 비록 근로 능력자일지라도 의무적으로 지원하는 체제로 바뀌었다"고 말했다.

DJ의 '울산 발언'은 많은 사람을 놀라게 했지만 갑작스러운 결정은 아니었다. 집권 전부터 마음속에 품어 온 생각이었다. 김 대통령은 자서전에서 "사실 '생산적 복지'를 실행하려는 생각은 취임 전부터 갖고 있었다. 그러나 외환 위기의 급한 불을 꺼야 하는 상황에서 복지 문제를 챙길 여유가 없었다. 1999년 세수가 증대하여 세계 잉여금이 3조 8000억가량 남아 서민 복지에 사용할 정도로 경제 상황이 많

김대중 대통령과 이희호 여사가 2000년 9월 11일 서울 서대문구 서민촌인 '개미마을'을 찾아 주민들과 대화하고 있다. 김 대통령은 "10월부터 국민기초생활보장법이 본격 시행된다. 서민들이 희망을 갖고 생활할 수 있도록 최선의 노력을 다하겠다"고 말했다고 당시 언론은 보도했다. 연세대 김대중도서관 제공

이 호전됐다"고 '울산 발언'의 배경을 밝혔다.

IMF 사태는 정부에 초긴축 재정을 강요했지만 한편으로는 새로운 복지 체계, 전 국민적 사회 안전망 구축의 절박성도 제기했다. 기업의 연쇄 부도로 거리에는 실업자가 쏟아졌다. 1997년 1월 2.6%(57만 명)이던 실업률은 1년 3개월 뒤인 1999년 2월에는 8.6%(178만 명)로 사상 최고를 기록했다. 1998년 9월 경남에서는 생활고를 이기지 못한 아버지가 보험금 1000만 원을 타기 위해 아들의 손가락을 자른 사건

이 벌어졌다. 온 국민이 충격을 받았다. DJ도 예외는 아니었다. 김 대통령은 비서진을 시켜 이 아이에게 금일봉을 전달했지만 이것으로 사람들의 아픈 마음을 달랠 수는 없었다. 안전망 없는 한국 사회는 국가 부도 상황에서 인륜까지 저버릴 정도로 무너져 내리고 있었다.

김대중 정부에서 청와대 공보수석을 지낸 박선숙 전 국회의원은 "1998년 2월 25일 청와대에 들어간 날부터 IMF의 참혹한 상황이 김 대통령을 짓눌렀다. 실업자가 넘치고, 자살하는 시민이 속출했다. 이런 벼랑 끝 상황에서 자신이 할 수 있는 게 없다는 점에 김 대통령은 힘들어했다. 그러다 1999년 들어 재정 상황에 숨통이 트이자 '생산적 복지' 개념을 정책화하는 것이 가능하다는 생각을 하게 됐다"고 말했다.

반세기 전부터 복지 국가 건설을 꿈꾸다

복지에 관한 '정치인 김대중'의 관심은 훨씬 오래전부터 싹텄다. IMF가 닥치기 전까지 '복지는 시혜'라는 인식이 강했다. 1960년대부터 높은 경제 성장을 지속하면서, 성장이 고용을 창출하고 고용 창출이 최고의 복지라는 인식이 굳어졌다. 김대중은 달랐다. 누구나 성장을 말하던 시대에 복지와 복지 국가를 말했던 정치인이 김대중이었다. 1954년 1월 7일 《새벌》이라는 시사 잡지에 기고한 글을 보자. "민생의 안정과 복지의 증진이 공산주의 자체를 절멸하는 데 있어서도 발본적 요소가 된다. … 무엇보다도 중산 이하의 근로 대중이 여하한 경우에도 인간 이하의 참경 속에 전락하지 않을 뿐 아니라 재기와 향상의 발판이 돼 줄 수 있는 실업 보험, 양로 보험, 학업 보험, 흉작에 대한 보장 등 사회 복지 제도가 조속히 실현됨으로써 민생의 기본적 안정을 확립해야 한다."

'공산주의에 대응하는 효과적 무기가 사회 복지'라는 인식은 그 당시로서는 혁명적이다. 이것을 보면, 수십 년간 김대중을 빨갱이라고 낙인찍은 보수의 공격이 얼마나 허무맹랑한 것인지 알 수 있다. 1917년 러시아 볼셰비키 혁명으로 위기에 처한 자본주의가 예상보다 훨씬 견고하게 생명을 유지한 건 '수정 자본주의' 덕분이다. 국가가 지배 계급의 도구가 아니라 인권을 확대하고 빈부 격차를 줄이는 역할을 자임하면서, 자본주의는 1991년 소비에트사회주의공화국연방(소련)을 혁명 74년 만에 무너뜨렸다. 젊은 김대중은 이 점을 정확하게 꿰뚫어 보고 있었다.

1971년 제7대 대통령 선거에 신민당 후보로 나설 때도 주요 선거 공약에 복지가 포함되어 있었다. 그해 3월 24일 발표한 공약에는 "가. 사회 보장 정책을 위한 예산의 대폭 증액으로 복지 국가 건설에의 강력한 출발, 나. 의료 보험과 산재 보험의 추진, 양로 정책의 발전, 장학금 제도의 확충 등 각종 보장 정책의 추진"이라는 내용이 담겨 있다.

이미 반세기 전에 대선 공약으로 '복지 국가 건설'을 내세운 것은 시대를 앞선 인식을 보여 주는 단적인 사례다. 물론 1998년 청와대에 들어간 김대중의 생각은 반세기 전의 복지 개념과는 사뭇 달랐다. 집권 이후 김대중 대통령이 내세운 '생산적 복지'는 1990년대의 세계적 흐름과 맞닿아 있다.

구인회 서울대 교수는 "1990년대 중반부터 세계적으로 영국 토니 블레어 총리의 '제3의 길', 미국 클린턴 행정부의 '복지 개혁welfare reform', 독일 슈뢰더 총리의 하르츠 개혁(노동·복지 개혁)이 추진됐다. 기존의 복지 국가가 소득 지원 중심이라는 문제 제기가 나오면서 취업 지원이라든가 이런 걸 강화해야 한다는 적극적 흐름이었다. 김 대통령의 생산적 복지도 그런 차원이었다. 국민기초생활보장법에 근로 능력자에 대해선 '근로 참여 의무'를 부과한 게 대표적이다. 그런 점을 무시하고 '근로 의욕을 떨어뜨린다'고 비판하는 건 적절치 않다. 오히려 지금 되돌아보면, (기초 생활 보장에) 여러 가지 소득 조건이나 이런 걸 엄격하게 적용하는 바람에 기대만큼 충분히 빈곤층을 지원하는 데 미흡함이 있었다고 본다"고 말했다.

'생산적 복지'가 1990년대의 세계적 흐름인 복지 개혁과 맞닿아 있다는 점은 김 대통령 정책이 '신자유주의적'이라는 비판을 불러일으켰다. 진보 진영 일부에서 김대중을 비판한 지점은 크게 두 가지였다. 하나는, 김대중 정부가 IMF 상황에서 정리 해고를 도입하고 노동의 유연성을 강화했는데, 복지 확대는 바로 이런 '노동 개악'을 가리기 위한 부차적인 정책이라는 것이다. 또 하나는, 지원금 수급 조건을 엄격하게 제한하고 근로와 연계함으로써 광범위한 빈곤층에게 실질적인 도움을 주는 데 실패했다는 주장이다.

김 대통령도 이런 지적에 신경을 썼다. 그는 자서전에 "혹자는 나를 '신자유주의자'라고 비판했다. 아마도 외환 위기를 벗어나는 과정에서 보여 준, 철저한 시장 경제 원칙을 강조한 태도에서 그런 비판이 나왔다고 생각한다. 그러나 1997년 IMF 체제 이후 우리의 선택은 시장 경제 외엔 다른 길이 없었다. '생산적 복지'는 시장 경제의 부작용, 폐해를 시정하고 보완하는 내용이다. … 과다 복지가 가져온 유럽의 실패에서 교훈을 얻은 것이기도 하다"고 적었다. 양재진 연세대 교수(행정학)는 "김대중 정부는 세계은행 등이 요구했던 신자유주의적인 복지 개혁을 수용하지 않았다. 김대중 정부의 의료 보험 통합은 분권화와 사보험화를 지향하는 국제 흐름에 배치되는 방향이었다. 그리고 일층 구조의 국민연금으로 전 국민 연금을 만든 것도, 다층 구조에 민영화를 지향하는 신자유주의 흐름에서 벗어났다고 본다"고 말했다.

생산적 복지로 약자를 보호하다

'울산 발언'이 있기 일주일 전인 6월 14일 청와대에서는 대통령 직속 정책기획위원들과의 오찬이 열렸다. 이날 오찬을 앞두고 김대중 대

政策企劃委 報告　　'99. 6. 14

1. 1分 努力에 感謝

2. 第2建國과 다름을 經劃 評價

3. 硏究中인「國家의 長期 VISION과 發展」에 期待

4. 지난 委員과 委員의 合流

5. 各界의 意見 수렴해서 平易한 建議를

6. 建議事項의 評價
　① 舊新國 生意対象
　② 벤쳐企業育成 — Angel, 벤쳐 캐피탈. KOSTAQ 육성
　　　등 投資中心의 意見 調整 — 政府 直接 支援 制限
　　　大学 硏究所의 役割증가 다는 役割 증가
　③ 人向临 尊重을 活動 — 生意에 尊重치의 研究 바람
　　두繼續　　　　　　　　　自由. 効率 正義
　④ 청소년 培養政策 에 대해 — 오기형 교수
　⑤ 中産層과 庶民 対策 — 한국 로써 민주화 함 유인호
　⑥ 映像產業이 文化產業의 中核. 도정일 교수
　⑦ 農村農民 文化 — 현상권, 김태연 교수
　⑤ 次世代 display 技術科 (플라스마 튜브 FED) 이란 — 임지순 교수
　⑥ 水素를 기반 수소냐? 김종상 교수

1999년 6월 14일 '대통령 직속 정책기획위원회' 위원들과 오찬을 앞두고 김대중 대통령이 작성한 국정 노트 중간쯤에 '향후 위원회 활동-생산적 복지(자유, 효율, 정의)의 연구 바람'이라는 당부 사항이 적혀 있다. 김대중평화센터 제공

통령이 쓴 국정 노트에는 "향후 위원회 활동-생산적 복지(자유 효율 정의)의 연구 바람"이라는 내용이 적혀 있다. 김 대통령은 정책기획 위원회에 '생산적 복지' 연구를 지시하면서 "나는 선거 전부터 '생산적 복지'라는 말을 써 왔습니다. 생산적 복지는 시혜적 차원이 아니라 국민이 재훈련을 통해 고부가가치와 고효율을 낼 수 있는, 그래서 국가 경제에도 도움이 되고 본인에게도 도움이 되는 그런 방향으로 정책을 추진해야 한다고 생각합니다. 일할 의욕과 능력이 있는 사람에게는 일할 길을 열어 주고, 그렇지 못한 중증 장애인이나 노약자는 보호를 강화해야 한다고 생각합니다"라고 말했다.

김 대통령은 자서전에 "어찌 보면 나는 장애의 몸으로 고령에 대통령이 되었다. 그래서 노인과 장애인에 대한 생각이 남달랐다. 하지만 돌아보건대 생각만큼 또 노력한 만큼 성과를 냈는지는 알 수 없었다"고 썼다. 김대중 정부에서 청와대 민정수석과 정책기획수석을 지낸 김성재 한신대 명예교수는 "김 대통령은 늘 이런 얘기를 했다. '국민이 나라의 주인인데, 돈이 없어 굶주려선 안 되고, 돈이 없어 공부하고 싶은데 학교 못 가서도 안 되고, 돈이 없어서 아픈데 병원에 못 가서는 안 되지 않습니까?' 김대중 정부 시기에 국민기초생활보장법을 제정했고, 중학교까지 무상 의무 교육을 확대했고, 직장과 지역으로 나뉜 의료 보험을 하나로 통합했고, 의료·연금·고용·산재 4대 사회 보험을 실시했으니 오래전부터 꿈꿔 온 복지 국가의 틀은 놓은 셈"이라고 말했다.

2장

용서와 타협의 정치로
민주주의를
실현하다

여덟 번의 영수 회담에 담긴
화합과 타협 의지

윤석열 대통령은 2024년 2월 7일 한국방송KBS과의 특별 대담에서, 취임 뒤 1년 9개월 동안 제1야당인 더불어민주당 이재명 대표와 단 한 차례도 회담하지 않은 이유를 이렇게 밝혔다.

"대통령이 여당의 1호 당원이지만 엄연히 여당의 지도부가 있다. 영수 회담이라고 하는 건 우리 사회에서 없어진 지 꽤 된다. 여야 지도부까지 논의를 하면, 저 역시도 정당 지도부들과 충분히 만날 용의가 있다. 그런데 영수 회담이라고 한다면, 여당 지도부를 대통령이 무시하는 게 될 수 있기 때문에 좀 곤란한 상황이라고 말씀드리고 싶다. … 우리 당(국민의힘) 지도부를 배제한 상태에서 야당의 대표와 지도부를 직접 상대하는 건 대통령으로서 집권 여당의 지도부와 당을 소홀히 하는 처사이기 때문에, 같이하든지 먼저 대화를 좀 나눠야 한다. 행정부를 대표하는 대통령의 어떤 결심 사항이 필요한 단계가 됐을 때 (야당과) 같이 얘기를 하는 것이 필요하다고 생각한다."

의회주의자 DJ의 영수 회담 의지

'영수領袖'는 우두머리를 뜻한다. 《조선왕조실록》에는 송시열을 노론의 영수, 윤증을 소론의 영수로 묘사한 대목이 나온다. 한자로 영수는 옷깃(령, 領)과 소매(수, 袖)를 뜻하는 말로, 옷깃과 소매는 옷에서 가장 중요한 부분이다. 김대중 대통령 때까지만 해도 정치권과 언론에서는 '여야 영수 회담'이란 용어를 즐겨 썼다. 한국 정치에서 영수 회담이란 용어가 쓰이지 않게 된 것은, 대통령이 집권당 총재직을 놓은 노무현 정부 때부터다. 그전까지 전두환·노태우·김영삼·김대중은 대통령 재임 기간에 당 총재직을 겸했다.

'영수 회담'이란 용어가 사라졌다고 해서 대통령과 야당 대표가 만날 필요가 없다는 뜻은 아니다. 노무현 대통령은 "영수 정치의 시대는 지나갔다"고 말했지만, 대연정 문제를 놓고 박근혜 한나라당 대표와 회담했다. 원활한 국정 운영을 위해서, 또 국회 입법 과정의 협조를 받기 위해서 대통령이 다양한 방식으로 야당과 소통하는 것은 긴요하다. 꼭 영수 회담이란 명칭을 쓰지 않더라도 대통령이 제1야당 대표와 만나야 하는 이유다.

대통령이 야당 대표와 직접 만나는 게 여당 대표를 무시하는 거란 인식은 잘못이다. 대통령은 필요하면 여당 대표와도, 야당 대표와도 언제든 만날 수 있어야 한다. 김건희 여사의 명품백 논란을 두고 여권 내 갈등이 불거지자 2024년 1월 29일 윤석열 대통령은 한동훈 국민의힘 비상대책위원장과 2시간 30분 동안 오찬을 겸한 단독 회동을 했다. 2023년 국민의힘에서 인요한 혁신위가 출범하자 김기현 당 대표와 인요한 혁신위원장을 용산으로 초청해 오찬을 함께한 적도 있다. 그렇게 여당 대표·지도부와는 스스럼없이 만나는데, 국회 원내 과반수를 점한 제1야당 대표를 따로 만나지 않을 이유가 없다. 경우에 따라서는 대통령과 여야 대표가 함께 만나는 '다자 회동'을 할 수도 있다. 중요한 건 형식이나 명칭이 아니라, 야당과 대화를 해서 의회의 협조를 이끌어 내겠다는 대통령의 의지다.

역대 대통령 가운데 제1야당 대표와 영수 회담을 가장 많이 한 이는 김대중이다. 김 대통령은 재임 5년 동안 제1야당인 한나라당 총재와 모두 여덟 차례 만났다. 이회창 총재와 일곱 차례, 조순 총재와 한 차례 영수 회담을 했다. 역대 대통령들이 대개 임기 중 한두 차례 야당 대표와 단독 회담을 했던 것(이명박 대통령은 세 차례)과 비교하면 월등히 많은 횟수다. 18년간 집권했던 박정희 대통령의 여야 영수 회담 횟수(다섯 차례)보다 많다.

김대중 대통령은 외환 위기(IMF 사태) 직후에 집권했기에 기업 구조 조정이나 노동 개혁 등 사회적 합의로 추진해야 할 일이 많았다. 국회 상황도 유리하지 못했다. 집권 5년 기간 내내 여당인 새천년민주당은 원내 제1당을 차지하지 못했다. 김종필 총재의 자민련 의석을 합쳐서 간신히 원내 과반을 넘기도 했지만 이마저 2001년 '디제이피DJ+JP=DJP 연대'가 깨지면서 여당인 민주당은 확실한 원내 소수파가 됐다. 입법과 국민 통합의 성과를 내기 위해 김 대통령은 야당 협조를 받는 게 절실했다.

꼭 20여 년 전의 김대중만 이런 상황에 처했던 것은 아니다. 윤석열 대통령이 속한 국민의힘도 국회에서 소수파다. 과거 어느 때보다 집권당의 의회 점유율이 낮다. 야당 협조를 받지 않으면 정책 추진을 위한 어떤 입법도 할 수가 없다. IMF 시기에 못지않게 사회적 합의를 빨리 이뤄 추진해야 할 과제도 많다. 저출생 고령화, 연금 개혁, 지방 소멸, 기후 변화 대응 등 훨씬 복잡하고 다수의 공론을 모아야 하는 현안이 쌓여 있다. 의과대학 증원 논란처럼 직역의 이해가 첨예하게 맞부딪치는 사안도 적지 않다. 그런데도 윤 대통령은 취임 2년이 다 돼서야, 그것도 총선 참패를 한 뒤에야 제1야당 대표인 이재명을 처음 만났다.

이걸 보면 DJ가 야당 대표와 영수 회담을 많이 한 데에는 '대통령의 의지'가 크게 작용했음을 알 수 있다. 김 대통령은 중요한 정책이나 외교 문제를 야당에 설명하고 이해를 구하는 게 꼭 필요하다고 봤다. 그 점에서 DJ는 철저한 의회주의자였다.

DJ가 영수 회담에 적극적인 이유

영수 회담이 언제나 성과를 내는 건 아니다. 오히려 언쟁만 벌이다가 얼굴 붉히며 뒤돌아서는 경우가 더 많다. 이회창 한나라당 총재는 2000년 8월 기자 회견에서 "그간 몇 차례의 영수 회담 뒤 돌아온 것은 후회와 분노, 통탄뿐이다"라고 말한 적이 있다. 김대중 대통령도 비슷했다. 이회창 총재가 영수 회담에서 약속하고도 지키지 않은 사안을 국정 노트에 빼곡하게 적어, 다음 영수 회담 때 들이밀 정도로 야당의 합의 사항 미준수를 야속하게 생각했다.

그래도 DJ가 다른 대통령에 비해 자주 야당 총재와 만난 이유를 남궁진 씨(김대중 정부에서 청와대 정무수석을 지냈다)는 이렇게 해석했다. "첫째는, 정치적 상대방에 대한 배려다. DJ는 비록 정적이라도 야당 대표는 최대한 배려해야 한다는 생각을 갖고 있었다. 두 번째는 대통령의 국정 철학을 야당에도 이해시키려고 무진 애를 썼다. 한두 번 만나서 잘 되지 않더라도 얘기하고 또 얘기하고… 그런 집요함이 있었다. 세 번째는, 혼자 추진하기에 어려운 사안은 야당을 설득해서 도움을 얻어 보겠다는 마음이 강했다. 사실 김 대통령은 이회창 총재를 매우 어렵게 생각했다. 이 총재 성격이 좀 넉넉한 편은 아니니까, 굉장히 까다롭게 여기셨다. 그래도 자꾸 만났던 건 국정 운영에서 야당 협조를 받으려는 생각이 강했기 때문이다."

육사 출신으로 5공 때 민정당 원내총무를 지냈던 이종찬 씨도 비슷한 이야기를 했다. "DJ는 야당 시절에도 대통령과의 회동에 굉장히 적극적이었다. 대통령과 만나 대화하면 DJ 자신이 인정하고 수긍할 수 있는 정책은 밀어줄 수 있다고 생각했다. 1964년 한일 국교 정상화 때 DJ는 '사쿠라'라는 소리를 들으면서도 '야당이 국교 정상화에 반대해선 안 된다'고 말했다. 그런데 박정희 대통령은 DJ를 가장 위험한 정적으로만 여기고 전혀 정치의 파트너로 삼으려 하질 않았다. 이런 경험이 대통령이 되어선 야당에 적극적으로 손을 내미는 하나의 계기가 되지 않았을까 싶다."

이회창 한나라당 총재도 싸울 때는 싸우더라도 김 대통령과의 만남을 피하지는 않았다. 이 총재는 회고록에서 2001년 1월 4일 열린 김 대통령과의 영수 회담 성사 과정을 이렇게 적었다.

"2000년 마지막 날을 하루 앞둔 12월 30일에 민주당에서 자민련의 교섭 단체 구성을 위해 국회의원 세 명을 꾸어 주는 참으로 해괴한 일이 벌어졌다. 이런 '의원 꿔 주기'는 우리 정치사에서 전무후무한 일로 정상적인 정치인이라면 도저히 상상할 수 없는 일이었다. … 청와대 쪽에서 영수 회담에 관한 애기가 나왔는데 의원 꿔 주기가 벌어지자 당내에선 회담 제의를 거부하자는 의견이 나왔다. 나도 처음에는 이런 판국에 무슨 대화인가 하는 생각이 들었지만, 또 한편으로는 이런 때일수록 직접 만나서 의원 꿔 주기 등 따질 것은 따지는 것이 옳겠다는 생각도 들어 숙고한 끝에 회담에 응하기로 했다."

결국 그날 회담은 이 총재가 민주당 의원의 자민련 이적 문제만

2001년 1월 4일 김대중 대통령과 한나라당 이회창 총재의 영수 회담이 열렸다. 김 대통령은 재임 5년간 야당 대표와 모두 8차례 영수 회담을 했는데 이 중 7차례가 이회창 총재와의 만남이었다. 연세대 김대중도서관 제공

따지다가 자리를 박차고 나온 '성과 없는 만남'이 되고 말았다. 하지만 2000년 6월 의약 분업 파동 때 열린 김 대통령과 이 총재의 영수 회담에서는 약사법 개정에 합의해 의사 파업을 끝내도록 하는 성과를 거둔 적도 있다. 그 무렵 이회창 총재의 가장 가까운 정치 참모였던 윤여준 씨(당시 국회의원. 김영삼 정부에서 청와대 공보수석과 환경부 장관을 지냈다)는 "현실적으로 영수 회담에서 성과를 거두기란 쉽지 않다. 그래도 대통령과 야당 대표의 만남은 의미가 있다. 두 사람이 너

무 구체적 사안에 얽매이지 않고 좀 더 폭넓고 자유롭게 대화하는 건 국정 운영에, 또 국민을 위해 분명 도움이 된다"고 말했다.

상대는 파트너, 정도로 대응한다

2001년 1월 4일 이회창 총재와의 여섯 번째 만남을 앞두고 김 대통령이 작성한 국정 노트에는 영수 회담을 바라보는 시각이 드러나 있다. 김 대통령은 이 회담을 앞두고 의제와 대응 방향을 노트 6장 분량으로 빼곡히 정리했다. 그 첫 장에 이런 대목이 나온다. "①침착, 의연, 정도正道의 대응-partner(파트너) ②당리 아닌 국정을 같이 협의, 그러나 할 말은 (한다) ③잘못된 주장에는 확실한 소명 ④경제 회생, 남북문제, 국민 화합 등 중점 논의 ⑤정계 개편, 개헌은 원론적 수준으로."

야당을 국정 파트너로 인정하고, 공세에는 침착하고 의연하게 대응하겠다는 스스로의 다짐을 읽을 수 있다. 또한 정치적 당리당략이 아니라 국정을 같이 협의하는 게 영수 회담의 목적이라고 밝히고 있다. 경제와 남북문제 등 범국민적 관심사에 집중하고, 인위적 정계 개편이나 개헌 등 야당이 우려하는 정치 현안은 최대한 '원론적 수준'으로 말을 아껴서 쟁점을 만들지 않겠다는 의도가 엿보인다. 그러면서도 야당에 할 말은 분명하게 하겠다고 썼다. 충돌을 피하기보다 솔

직하게 생각을 터놓고 이야기하겠다는 뜻이다. 하지만 '솔직한 대화'
는 현실 정치에서는 대개 '평행선을 달린 회담'으로 귀결될 가능성이
크다.

　물론 영수 회담에 임하는 이런 기조는 국정 운영을 책임진 대통령
의 입장에서 나온 것일 터이다. 정치적 승패에 좀 더 민감한 야당 대
표의 입장은 대통령과 다를 수밖에 없다. 그래도 DJ가 국정 노트에
적은 첫째 항목, '상대를 파트너로 보고 정도正道로 대응한다'는 자세
가 정치적 대화와 타협의 성과를 거두기 위한 첫걸음이라는 점은 분
명하다. 역설적이지만 정치적 양극화와 분열이 심해질수록, 국민을
위한 성과를 내려면 여든 야든 상대방과 타협하는 길 외에는 달리 길
을 찾기 어려워진다. 대화의 손은 대통령이 먼저 내밀어야 한다. 국정
성과를 내야 할 1차적 책임은 대통령에게 있기 때문이다.

1. 人事
　① 구별 바뀌기, 禮儀性
　② 閉 此外에 ○○會談 이기를 希望
　③ 강경추종을 강하게 대응하여 溫重 謀求者
2. 爭点結果
　① 議員○○籍 ~에 대한 攻勢
　② 司○○問題 - 政治的 用主張
　③ 政界改編 · 改憲 問題를 譴責
　④ 經濟 回生 ~에 ○○的 協調意思

3. 對応結果
　① 批評 · 忠告 · 与党의 對応 - partner
　② 譴責 아닌 閉 政治論의 相議, 그러나 할말은
　③ 발표 ○主張 ~에 確實한 誤○
　④ 經濟 回生 · 南北 問題 · 國民和合 등 重点 論議
　⑤ 政界改編 · 改憲은 原論的 水準으로

　　　　　爭点主張 및 對応結果
1. 議員○○籍, 政界改編 · 改憲
　① 人為的 政界改編이 ~에 結果 違背.
　② ○○○○○
　③ 政界改編 · 改憲 意圖

김대중 대통령이 2001년 1월 4일 이회창 한나라당 총재와의 영수 회담을 앞두고 작성한 국정 노트 첫 장. 회담에서 '파트너로서 침착·의연·정도의 대응을 하자. 그러나 할 말은 (하자)'고 적은 구절이 눈에 띈다. 김대중평화센터 제공

DJ와 이회창, 격렬하게 싸웠어도 다시 만났다

"1. 인사 ①예산 바뀌어 유감 ②국가 위해 좋은 회담 있기를 희망 ③가장 추운 날 가장 따뜻한 소식 주자

2. 예상 전략 ①의원 이적에 대한 공세 ②사정 문제-정치 악용 주장 ③정계 개편, 개헌 문제 부각 ④경제 회생에는 적극적 협조 의사

3. 대응 전략 ①침착, 의연, 정도正道의 대응-partner(파트너) ②당리 아닌 국정을 같이 협의, 그러나 할 말은 (한다) ③잘못된 주장에는 확실한 소명

④경제 회생, 남북 문제, 국민 화합 등 중점 논의 ⑤ 정계 개편, 개헌은 원론적 수준으로."

2001년 1월 4일 이회창 한나라당 총재와 영수 회담을 앞두고 김대중 대통령이 정리한 6페이지 분량의 국정 노트는 이렇게 시작한다. 이회창 총재를 만나면 가장 먼저 건넬 인사말 내용까지 미리 준비해 적은 것이다. DJ의 치밀하고 꼼꼼한 성격을 엿볼 수 있다. 이회창 총재는 회고록에서 김 대통령과의 영수 회담을 언급하며 "쟁점 사항을 정리한 노트와 회담에서 논의할 사항을 꼼꼼하게 준비한 노트를 가지고 나와 이를 보면서 이야기하는데, 그 성실성과 철저한 준비가 돋보였다. 여러 가지 면에서 장점이 많은 분이었다"고 평했다.

DJ와 이회창의 회담 공략 포인트

이후 '예상 전략' 항목은 이회창 총재가 회담에서 제기할 공세 포인트를 예상한 것이다. '대응 전략'에서는 이 총재의 공세에 어떤 기조로 대응할지를 정리했다. 정치 현안에는 이견이 있더라도, 외환 위기(IMF 사태) 이후에 경제를 살리는 문제와 통일 문제에서는 이회창 총재의 협력을 기대하고 있다.

그다음에 DJ는 '예상 주장 및 대응 전략'이라는 항목을 별도로 국정 노트에 적었다. 정치 현안을 중심으로 좀 더 구체적인 발언 기조와 내용을 정리한 것이다. 그 무렵 최대 정치 이슈는 민주당 의원 3명의 자민련 이적이었다. 자민련을 국회 교섭 단체(의원 20명 이상)로 만

들어 주기 위해 민주당 의원 3명을 자민련에 입당시켰다. 디제이피 DJP 연대를 유지하기 위한 고육책이었지만 '총선 민의에 반하는 행동'이란 반발에 부딪쳤다.

정치적 명분이 약한 사안에 김 대통령이 어떻게 대응하는지 살펴보는 건 흥미롭다. 김 대통령은 "총선 민의는 17석을 얻은 자민련에 캐스팅보트 역할을 부여했다. 3인 이적은 정치 안정을 위해 필요하다"고 썼다. 하지만 이런 논리만으로 대응하기는 쉽지 않다고 생각했던 것 같다. DJ 자신이 야당 시절에 '꼭 필요한 정책은 집권 세력에 협력했던 경험'을 예로 들며 "지금 정치를 불신한다는 여론이 92%이다. 정치 안정을 위해 야당이 먼저 협력해 달라"고 요청할 뜻임을 밝혔다. 또 개헌과 정계 개편 의도가 없음을 말하겠다고 적었다. 정리하면, 김 대통령은 '민주당 의원 3명의 자민련 이적은 정치 안정을 위한 것이다. 한나라당이 먼저 협력을 했으면 신뢰할 수 있었을 텐데 그렇지를 못했다. 다만, 이것이 야당이 우려하는 인위적 정계 개편으로 이어지진 않을 것'이라고 이회창 총재에게 설명하려 했다. 논리적으로 이어지긴 하지만 이것으로 '민주당 의원의 자민련 이적'을 합리화할 수는 없다. 그래도 김 대통령이 현안을 외면하거나 피한다는 느낌을 주지는 않는다.

또 하나 눈에 띄는 것은 '야당에 할 말은 (한다)'이라는 대목이다. 김 대통령은 남북 관계나 국회 운영에서는 야당 비판에 물러서지 않고 대응하겠다고 밝혔다. 특히 2001년도 정부 예산이 정기 국회 시한

1. 人事
   ① 주말 바리미, 謝懷
   ② 用人 자리배 좋은 舍議 와 기록 마련
   ③ 가장 추운날씨 가장 따뜻하게 舍留 두자

2. 予想 效果
   ① 議員移籍에 대한 攻勢
   ② 司正問題 — 攻流 惡用 主張
   ③ 政界改編. 改憲問題 議決
   ④ 經濟回生에는 초정치的 協調 意思

3. 對應 效果
   ① 與黨. 野黨과 동등의 對應 — Partner
   ② 議決 아닌 與政 논쟁의 相對議, 그러나 한나라도
   ③ 잘못없는 主張에 確實한 論旰
   ④ 經濟回生. 南北問題. 國民和合 등 중요 論議.
   ⑤ 政界改編. 改憲은 原論的 水準으로

                予想 主張 및 對應 效果
   1. 議員移籍, 政界改編. 改憲
   ① 人爲的 政界改編에 대한 非違背.
   ② 後遺 民惡
   ③ 政界改編. 改憲意圖

2001년 1월 4일 이회창 한나라당 총재와 영수 회담을 앞두고 김대중 대통령이 정리한 국정 노트의 첫 장과 둘째 장. '1. 인사 2. 예상 전략 3. 대응 전략…' 순서로 정치 현안에 관해 할 이야기를 상세하게 적었다. 김 대통령의 꼼꼼한 성격과 치밀함을 엿볼 수 있다. 김대중평화센터 제공

④ 黨籍 高脫, 政界改編. 改黨 요구 등후 하라

答 ① '총리인선 위해 정성과 열정' 약속 不履行 (防弹 民私中 (효율적인정, 주도)

② 結局 民意 ─ 르事故로 모다 國의 평면 케스탄 보도 있었다

③ 改黨 생각 안바묘고 改界改蕭하게 되도있다. ①

④ 조人程緩은 政治安定 위해 必要.

⑤ 政治不信 92%, 나의 野芝도 푸 참을 위해 協力하라

⑥ 經濟 回復. 南北問题도 共同혜治하- 적케케층로축하라

2. 黨籍高脫. 舉니 內閣
① 改派的主張超越 必要
② 黨籍高脫케의 舉니 內閣혹李 팔用意

答 ① 改悪政治 青治政治 ─ 나니의信동, 孔德벗기반要
② 野芝이지름자리의 鑿治, 信籍반되, 于芡協力하게

3. 南北關係
① 南北關係 은政하게 執着
② 끌려가고 리나한 支援
③ 北이 愛한것 모다

答 ① 고도화된 直署의 化民談물. T叏峰专豪 玄洁 붓게
② 汣하리長 蓋止. two track 은行 ─끌려거지 끊난다

ⓐ 亲和력스작面   ⓑ 러시아 ㄷOSR
지나친 支援 이나다. 平等대로, 經濟的 利得크다.
南北, 中러, 中央아시아. 유럽 → 太平洋(物流中心
國)城고國, 主義係·革命係.

③ 바로 養化 있다 養하지 없는중요다   (4大經濟協力
④ 成事的의 相互協力가 번명 指向 — 民族共的운命
어떠한 不足롯씨나 協力바람.

4. 地域 갈정 — 人事·予算
   ① 人事·備置·地域 困家 均衡실施
   ② 最也 等等人事革係

答 ① 화合的人事에 間불的. 改호 比해서큰 改革
   ② 予算의 合리 配分로 실施
   ③ 野民의 地域 갈정 自빛를, 選擧法 改正
   ④ 불니고하였에더욱 努力할것

5. 經濟
   ① 經濟의 合리的 失敗
   ② 係僚的的先择 ㅅ로 뭇慶

答 ① 油価. 美못亮下降등 아너 몇因크나
   ② 그러나 政책이나/ 吃명 責任 — 治革 을迩. 不安如應

영수 회담과 관련한 김대중 대통령 국정 노트의 셋째, 넷째 장. '야당에의 제안'이라는 항목으로 "(상생의 정치) 대선에 중립, 공정 선거 보장할 것. 야당은 국정에 협력하는 모습 보이기를"이라고 적은 게 눈에 띈다. 김 대통령은 이 이야기를 이회창 총재에게 하고 싶었고 그렇게 타협하길 바랐지만 '의원 이적' 논란으로 속 깊은 이야기를 나누지 못했다. 김대중평화센터 제공

③ 그러나 國際기간, 今年 召開, 大統領 演說등이 문제
④ 老捲 建議 말았어 先捲 부르라고 (南민우 총리)
⑤ 與(?)를 12 民安法에 協力을 (贊成, 反對 立場도)

6. 安企部의 候選 資金 支給

① 野党 破壞 手段으로 利用 말까 우려
② 民主(?) 取(?)우(?) 藉(?)에 대한 批判 하지 말(?) 用(?)

答 ① 아직 正式 報告를 받아
② 당(?)이라면 國民血稅의 盜用이자 重大한 犯罪 (국가 公信도로 答)

          野党에의 提言

1. (相生의 政治) 大選때 中止, 人民公平(?) 보장 할것, 野党도
   國政에 協力하는 모습 보이기를

2. (국회 合意 事項 遵守)
   ① 3月 17日
     ② 민生돌에 맞추나 未(?)방향(?)的 的 12 政治를
     ⑤ 人為的 政界改編 不可
     ⑥ 政治改革위해 本 同努力
     ⑥ 信義로 (?)服(?)하(?)고 與野 協商 信
     ⑤ 南北 問題의 초당的 協議 위한 民主 協議

(五) 4月24日 合意

ⓐ 地域和合, 大統領 G外院

ⓑ 12.8 報告書의하 建設的 協力과 政府改編 不可

ⓒ 南北 7項 ㄴ 會談 - 記12.8 ... 老ㄴ表 66 ...

ⓓ 國會中心 政治 - '未來戰 ... 措成, '與野 政事協議會 구성 - ...

ⓔ 政治改革 特ㅇ 구성

ⓕ 民生先定. 未來産業 育成. 國家 債務 縮減. 金融産業의 振ㅇ - 本 ... (經濟 ...)

ⓖ 人事ㅇ, 公信秩序 ... , 金融 ... 부패 ... 등 改革課題의 早速 ...

ⓗ 黨運利 ... 不表

ⓘ 與野 ... 神會 ... 信

(六) 10月9日

① 2個月마다 會同 (마는리 2月~)

② 南北關係 特ㅇ 設置

③ 與野 政事 協議會 의 ... 재 ...

④ 南北神ㅇ의 信賴. 특히 國防과 民生

영수 회담에 관한 김대중 대통령 국정 노트의 다섯 째와 여섯 째 장. 맨 마지막에 "예산 통과 5회나 약속 어겨"라고 쓰여 있다. 야당의 비협조로 2001년도 정부 예산 통과가 늦어진 데 대한 김 대통령의 강한 불만을 느낄 수 있다. 김대중평화센터 제공

9. 大松시나리오 文件

(1) 地域別. 階層別. 亦代別 及口. 亦民토흘 면こ 蕃結하고를 祁5域 '-

(2) 盃之党. 靑民品. 口7 犯呵成. 口7 統居こ品. 政 茫. 弘烕自次 同行长 기 外 郷 関聯자로 수감 '

(3) '宣傳社너 故허的 執筆? 또거 外呢를 岡吕토 哭 資料 후み, 友好 宣論こ를 組織化 '

8. 口숩 盞듕 가 亦野 闯 保

(1) 科強 가 丟客的 승主 洰利 너

(2) 주可磋 丸여 니 숩法 혀次 너로

9. 중재 丟듬   너回 나 钰束 어져
改 서法   숩主 丟之 (蕃 숲) 해 능こ 本 숩 이 京庄
후 ·후

1. 인사
① 예산 바뀌어 유감
② 국가 위해 좋은 회담 있기를 희망
③ 가장 추운 날 가장 따뜻한 소식 주자

2. 예상 전략
① 의원 이적에 대한 공세
② 사정 문제-정치 악용 주장
③ 정계 개편, 개헌 문제 부각
④ 경제 회생에는 적극적 협조 의사

3. 대응 전략
① 침착, 의연, 정도의 대응-partner(파트너)
② 당리 아닌 국정을 같이 협의, 그러나 할 말은
③ 잘못된 주장에는 확실한 소명
④ 경제 회생, 남북문제, 국민 화합 등 중점 논의
⑤ 정계 개편, 개헌은 원론적 수준으로

〈예상 주장 및 대응 전략〉
1. 의원 이적, 정계 개편, 개헌
① 인위적 정계 개편 없다 약속 위배
② 총선 민의
③ 정계 개편, 개헌 의도
④ 당적 이탈, 정계 개편, 개헌 없음 약속하라
　(답) ① '국정 안정 위해 건설적 협력' 약속 불이행(방탄, 민생 합의 불

이행)

② 총선 민의 - 여야 과반 없고 자민련 캐스팅보트 역 부여

③ 개헌 생각한 바 없고 정계 개편 의도 없다

④ 3인 이적은 정치 안정 위해 필요

⑤ 정치 불신 92%, 나의 야당 시절, 안정 위해 협력하라

⑥ 경제 회복, 남북문제 공동 대응 - 당리 초월하자

2. 당적 이탈, 거국내각

① 정파적 입장 초월 필요

② 당적 이탈하면 거국내각 참여할 용의

　(답) ① 정당 정치, 책임 정치-외국의 예. 예의 벗어난 요구

② 야당의 지금까지의 태도, 신뢰 안 돼, 우선 협력해 달라.

3. 남북 관계

① 남북 관계 과도하게 집착

② 끌려가고 지나친 지원

③ 북이 변한 것 없다

　(답) ① 필요성, 세계와 국민 인정. 역사적 의의 부인 못 해.

② 3대 주장 변화, two track(투 트랙) 진행 - 끌려가지 않는다

　a. 평화의 대가. 지나친 지원 아니다. 예산대로.

　b. YS 시대 러시아, 서방 경제적 이득 크다

　남북, 중·러, 중앙아시아, 유럽→태평양(물류 중심)

　개성공단, 호혜적·○○적

③ 북은 변하고 있고, 변하지 않을 수 없다

④ 전쟁 막고 상호 협력과 번영 추구 - 민족사적 소명

이러한 관점에서 협력 바람

4. 지역감정-인사, 예산
① 인사 편중, 지역 개발 균형 실패
② 최근 중요 인사 사례
　(답) ① ○○적 인사에 문제점. 효율화해서 큰 개선
② 예산의 공정 배정 실시
③ 야당의 지역감정 자제를. 선거용
④ 앞으로 공정에 더욱 노력할 것

5. 경제
① 경제의 전면적 실패
② 경제적 ○○에 큰 우려
　(답) ① 유가, 미 경기 하강 등 외부 요인 크다
② 그러나 정부가 1차적 책임-개혁 지연, 불철저
③ 그러나 국책 기관, 전경련, 대한상의 등의 견해
④ ○○ 의식, ○○이 ○○ 부르고 있다(남덕우 전 총리)
⑤ 야당은 국민 안심케 협력을(경제, 투자 증진케)

6. 안기부의 총선 자금 지급
① 야당 파괴 수단으로 이용할 우려
② 민주당 의원 이적에 대한 비판 희석용
　(답) ① 아직 정식 보고 못 받아
② 사실이라면 국민 혈세의 도용이자 국가 안보 저해 중대 범죄

〈야당에의 제언〉

1. (상생의 정치) 대선에 중립, 공정 선거 보장할 것.
야당도 국정에 협조하는 모습 보이기를.

2. 과거 합의 사항 준수

① 3월 17일

a. 과거 굴레 벗어나 미래지향적 국정 존중

b. 인위적 정계 개편 불가

c. 정치 개혁 위한 공동 노력

d. 경제 위기 극복 위한 정례 협의 건

e. 남북문제의 초당적 협의 위한 방안 협의

② 4월 24일 합의

a. 지역 화합, 대통합 정치

b. 국정 안정 위한 건설적 협력과 정계 개편 불가

c. 남북 정상 회담-범국민적, 초당적 지원에 노력

d. 국회 중심 정치(11월 초까지 불 등원)-'미래전략위' 구성. 여야 정책
협의회 구성-공동 공약 우선 실천

e. 정치개혁특위 구성

f. 민생 안정, 미래 산업 육성, 국가 채무 감축, 금융 산업의 진흥-공동 노
력(경제 발전)

g. 인권법, 통신비밀보호법, 금융실명제법, 부패 방지 관련법 등 개혁 입
법의 조속 처리

h. 집단 이기주의 불용

i. 여야 영수 회담 수시 개최

③ 10월 9일

a. 2개월마다 회동(다음은 12월에)
b. 남북 관계 특위 구성
c. 여야 정책협의회의 재가동
d. 양당 영수의 신뢰, 특히 경제와 민생

7. 대권 시나리오 문건
① '지역별, 계층별, 세대별 반DJ·비민주당 연대 전위 그룹 형성'
② '민주당·청와대·DJ 친인척, DJ 가신 그룹, 정부·광역자치단체장의 비위 관련 자료 수집'
③ '언론사의 적대적 집필진의 비위 등 문제점 자료 추적, 우호 언론 그룹 ○○화'

8. 국회 운영과 여야 관계
① 대화와 초당적 합의 통해서
② 불가피한 시에 국회법 절차대로

9. 예산 통과 5회나 약속 어겨.
정자법(정치자금법) 합의(특위)해 놓고 본회의 통과 반대.

을 넘겨 연말에 가까스로 통과된 것을 두고 '유감이다' '약속을 어겼다'고 두 번이나 야당을 비판하는 내용을 국정 노트에 적었다. 실제로 영수 회담에서 예산안 통과 문제가 거론되었는데 김 대통령은 자서전에서, 이회창 총재가 "그건 대통령께서 실정을 모르고 한 얘기 같다"고 반박했다고 밝혔다.

김 대통령이 영수 회담에서 다룰 의제를 미리 상세하게 정리한 데에는, 어떻게든 야당과 합의점을 도출해 보고자 하는 생각이 강했기 때문이다. 견해차가 큰 정치 현안에서는 솔직하게 의견을 교환해 갈등을 줄이고, 경제와 통일외교 분야에서는 야당의 협력을 끌어내는 게 영수 회담 목표였을 터이다. 김 대통령이 '야당에의 제언'이라는 항목에서, 과거 영수 회담 합의문을 언급하면서 "(상생의 정치) 대선에 중립, 공정 선거 보장할 것. 야당도 국정에 협조하는 모습 보이기를"이라고 적은 것은 그런 속내를 드러낸 것으로 읽힌다.

고도의 정치 회담이 항상 성공적인 건 아니다

영수 회담 준비를 열심히 한 건 이회창 총재도 마찬가지였다. 한나라당에서는 '의원 3명 이적'을 이유로 영수 회담을 취소하자는 강경론이 다수였다. 이회창 총재는 '할 말을 하겠다'며 회담에 응했지만 운신의 폭이 좁을 수밖에 없었다. 이 총재는 의원 이적과 안기부 총선

자금 수사 등 핵심 쟁점에서 발언할 내용을 큰 종이에 일목요연하게 표로 정리하라고 지시했다. 당시 한나라당 국회의원으로 이 총재의 핵심 측근이던 윤여준 씨는 "당내 분위기가 강경한데다 이 총재 본인이 법관 출신이시니까 현안에서 아주 원칙적으로 미리 준비한 얘기만 하시려고 했다. 그래서 'DJ가 내년(2002년) 대선에 또 나올 건 아니지 않으냐. 따질 건 따지더라도 대통령과 좀 더 폭넓게, 큰 틀에서 국정을 논의하시고 정치적으로 풀 건 풀어 보시라' 그렇게 설득하려고 애썼던 기억이 있다"고 말했다. 현직 대통령은 대선에서 중립을 지키고, 유력한 야당 대선 후보는 큰 틀의 국정 운영에 협력한다는 구상에서 DJ와 윤여준의 생각은 서로 통하는 면이 있었다.

그러나 그날 영수 회담은 의원 이적과 검찰의 안기부 총선 자금 수사 문제에서 결국 한 발짝도 나가지 못했다. 회담은 김대중 대통령과 이회창 총재의 일곱 차례 만남 중 가장 싸늘하게 끝났다. 이 총재는 민주당 의원의 자민련 이적과 검찰의 안기부 자금 총선 유입 수사를 두고 "국민이 이 정권을 용서하지 않을 것"이라고 직설적으로 공격했고, 김 대통령은 "야당도 책임이 있다. 나를 실패한 대통령으로 만들려 하느냐"라고 반박했다.

거의 두 사안만 놓고 언쟁을 벌이는 바람에 DJ가 국정 노트에 준비했던 이야기들, 경제와 남북 관계 협력, 예산·인사의 지역 균형 배분, 개헌·정계 개편 의도 없으니 야당도 협력해 달라 등의 대화는 제대로 나누지를 못했다. 당시 청와대 정무수석이던 남궁진 씨는 "이 총재가 자리를 박차고 나왔다는 표현이 맞을 정도로 굉장히 냉랭하게 끝났다. 영수 회담이 끝나면 내가 청와대 본관 앞, 차 타는 데까지 이회창 총재를 따라가서 배웅하곤 했는데 그날은 이 총재가 너무 빨리 계단을 내려가는 바람에 차 타시는 걸 보지 못할 정도였다"고 말했다.

윤여준 전 의원은 "영수 회담은 고도의 정치 회담이다. 의제에 너무 얽매이지 말고 그걸 뛰어넘어 허심탄회한 얘기를 나누는 게 오히려 국민과 나라에 도움이 되는 경우가 적지 않다"고 말했다. 남궁진 전 수석은 "영수 회담에선 종종 미리 정한 의제를 넘어 다른 이슈를 자연스레 논의하곤 한다. 김 대통령이 이회창 총재와 회담에선 그런 유연성을 발휘하기가 힘들었다"고 말했다. 이회창 총재는 이 회담이 결렬된 뒤 "앞으로 김 대통령과의 여야 단독 영수 회담은 다시 갖기 어려울 것이란 예감이 들었다"고 회고록에 썼다.

타협과 성과는 결국 소통에서 나온다

그래도 두 사람은 9개월 뒤인 2001년 10월에 다시 만난다. 김 대통령이 그해 8월 15일 광복절 경축사에서 "경제와 민족 문제만이라도 서로 합의해 해결해 나가자"며 이 총재에게 영수 회담을 제안했고, 이 총재 쪽도 "진지한 자세라면 영수 회담은 의미가 있다"고 화답했다.

양쪽은 사전 조율을 거쳐 10월 9일 청와대에서 영수 회담을 했다. 김 대통령 재임 중 이회창 총재와의 일곱 번째 만남이자 마지막 단독 회담이었다. 당시 분위기는 화기애애했다고 한다. 김 대통령은 "이 총재가 정부 테러 정책을 격려해 주셔서 주가가 올랐다"고 말했다. 권철현 한나라당 대변인은 "두 분이 서로 부인의 안부를 물었는데 처음 있는 일"이라고 말했다. 격렬하게 싸우고 헤어져도, 국정 노트의 한 구절처럼 여야 지도자가 만나 국정을 협의하는 것은 국민에게는 '따뜻한 소식'이다.

현대 대통령제에서 대통령은 '제왕'에 비유될 정도로 막강한 권한을 갖지만 그래도 삼권분립과 의회 민주주의를 존중하지 않으면 국정 운영을 원활하게 해 나가기는 힘들다. 종신제인 왕은 야당 대표가 마음에 안 들면 대표가 바뀔 때까지 기다리거나 야당 대표 교체를 위해 술수를 부릴 여유가 있다. 임기가 4년 또는 5년으로 정해진 대통령은 다르다. 양보하고 타협해서라도 조기에 성과를 내는 게 대통령에게는 매우 중요하다. DJ가 외환 위기란 국가적 재난의 와중에서 끊임없이 야당 총재와 영수 회담을 가진 건 바로 이 점 때문일 것이다.

'산 김대중'은 '죽은 박정희'를
어떻게 용서했을까

1999년 봄, 김대중 대통령이 청와대로 권노갑 씨(현 김대중재단 이사장)를 불렀다. DJ의 목포상고 후배인 권 이사장은 해방 직후부터 '정치인 김대중'의 비서로 고락을 함께해 온 최측근이었다. DJ는 권 이사장에게 이렇게 말했다고 한다. "나와 자네가 박정희 정권에서 가장 탄압을 받은 사람 아닌가? 정치적 화해를 한다는 상징적 의미로 박정희대통령기념관 건립 사업을 같이하자. 기념사업회장은 박 대통령 시절 경제 부총리를 지낸 신현확 씨(최규하 대통령 때 국무총리를 지냈다)가 하는 게 좋겠다. 내가 명예회장을 맡을 테니, 자네가 박 대통령 딸인 박근혜 의원(박근혜 씨는 1998년 4월 대구 달성 국회의원 보궐 선거에서 당선됐다)과 함께 부회장을 맡아서 일을 추진해 보라."

권노갑 이사장은 "현직 대통령이 전직 대통령 기념사업회의 명예회장을 맡는 건 매우 이례적인 일이었다. 더구나 박 대통령은 DJ를 탄압하고 죽이려고까지 했던 사람 아닌가. 김 대통령 본인이 명예회장을 맡고 나를 박근혜 씨와 함께 부회장으로 지명한 것은, 김대중 정부가 박정희 기념사업을 제대로 추진하겠느냐는 보수 쪽의 의구심을 지우기 위해서였던 것 같다"고 말했다.

박정희기념관 건립을 약속하다

김 대통령이 박정희기념관 건립을 지원하겠다고 말한 건 집권하기 이전부터다. 1997년 대선을 앞두고 김종필 자민련 총재와 '디제이피 연대'를 하면서 '대통령이 되면 박정희기념관 건립을 돕겠다'고 약속했다. 김종필 총재(김대중 정부에서 국무총리를 지냈다)는 연재 〈김종필 증언록: 소이부답〉에서 그때 상황을 이렇게 적었다.

"1997년 10월 27일 밤, 김대중 국민회의 총재가 한광옥 부총재를 데리고 청구동 우리 집을 비밀리에 찾아와서 '김 총재님, 대선에서 저를 좀 도와주십시오. 간절히 부탁합니다'라고 했다. 나는 '따지고 보면 총재님(김대중)은 박정희 대통령 시절에 수모와 박해를 당한 사람 아닙니까? 내가 그 원과 한을 다 풀어드리겠습니다'라고 답했다. 나는 말을 이었다. '부탁드릴 게 있습니다. 첫째, 내각제 개헌을 꼭 해

주십시오. 또 국민 화합 차원에서 박정희대통령기념관을 하나 세워 주십시오.' DJ는 '아, 여부가 있겠습니까'라며 흔쾌히 약속했다."

김종필 총재는 연대의 조건으로 박정희기념관 건립을 내세웠지만 실제로 이뤄지리라 확신하지는 못했던 듯싶다. 김영삼 대통령도 1992년 대선 때 그 약속을 했지만 대통령이 된 뒤에는 지키지 않았다고 김 총재는 말했다. 집권 후 DJ가 실제로 박정희기념관 건립을 시작하자 김 총재는 "정치인이 약속을 깨는 건 비일비재한 일인데 이 약속은 지켜 줘서 고맙다"고 말했다고 한다.

김 대통령은 1998년 2월 취임 직후부터 박정희기념관 건립을 준비하기 시작했다. 당시 청와대 비서실장이던 김중권 씨는 "1998년 4월 박근혜 씨가 대구 달성 보궐 선거에 출마하기 직전에 DJ가 나를 불러 '피해자인 살아 있는 대통령이 가해자인 돌아가신 대통령을 용서한다면 동서 화합의 징표가 되지 않겠습니까'라고 말해 큰 감동을 받았다"고 《월간조선》 인터뷰(2017년 6월호)에서 밝혔다. 김중권 전 실장은 "나는 신현확 씨 등 대구·경북TK 원로들을 찾아가 DJ의 뜻을 전했다. 모두 선뜻 믿지 않았다. DJ가 그런 소리를 하다니, '쇼'라는 반응이었다. (1999년 5월에) DJ가 이들과 식사를 같이하면서 자기 뜻을 설명하자 비로소 DJ의 진심을 믿게 됐다"고 말했다.

김대중 대통령은 1999년 5월 13일 박정희 대통령의 정치적 고향인 대구를 방문해 대구·경북 핵심 인사 30여 명과 저녁을 함께했다. 대구 그랜드호텔에서 열린 만찬에는 신현확 전 국무총리, 김준성 전

1999년 5월 14일 김대중 대통령이 대구시청을 방문해 문희갑 시장 등 참석자들과 함께 국민의
례를 하고 있다. 김 대통령은 행정 개혁 추진 상황을 보고받고 참석자들과 지역 내 주요 현안에
대해 토론했다. 특히 이 자리에서 박정희 대통령 기념관 건립을 적극적으로 지원하겠다고 밝혔
다. 연세대 김대중도서관 제공

부총리, 정수창 전 대한상의 회장, 이원경 전 외무장관, 김수학 전 새
마을중앙회장, 문희갑 대구시장, 이의근 경북지사, 박찬석 경북대 총
장, 김상근 영남대 총장, 김관용 구미시장 등이 참석했다. 이 자리에
서 김 대통령은 박정희기념관 건립을 정부 차원에서 적극적으로 지
원하겠다고 발표했다. 대구《매일신문》은 그날 기사에서 "김대중 대

통령이 박정희 대통령과 역사적인 화해를 했다"고 평했다.

만찬을 앞두고 김 대통령은 참석자들에게 할 얘기를 국정 노트에 한 장짜리 메모로 정리했다. 이 노트를 보면, 박정희 대통령에 대한 김 대통령의 솔직한 심경을 엿볼 수 있다.

DJ와 박정희가 만났더라면…

김 대통령은 우선, 박 대통령이 암살당한 1979년 10·26 사태를 보면서 그와 생전에 대화하지 못한 점이 못내 아쉬웠다고 적었다. 김 대통령은 그해 봄에 동교동계인 예춘호·양순직 씨 등을 청와대로 보내 차지철 경호실장에게 박 대통령 면담을 요청했다. 유신 체제가 파국을 향해 치닫고 있다는 판단에서였다. DJ는 "대통령과 나는 20년 가까이 대립하고 있습니다. 그러면서도 마주 앉아 대화한 적은 한 번도 없습니다. 실로 나라가 위중합니다. 조건은 없습니다. 나한테 하고 싶은 얘기를 모두 해 주십시오. 대신 내 이야기도 하겠습니다. 왜 서로를 싫어하고 의견이 다른지 그 실체는 알아야 하지 않겠습니까"라는 뜻을 차지철 실장을 통해 박 대통령에게 전했다.

그러나 한참 후에 거절의 답이 왔다고 한다. 김 대통령이 국정 노트에 "그때 면담을 받아들였다면 박 대통령이 '성공하는 대통령'이 되는 데 도움이 됐을 텐데…"라고 토로한 건 이런 맥락에서였다.

1971년 제7대 대선에서 자신과 거의 대등하게 겨뤘음에도(박정희 공화당 후보는 634만여 표, 김대중 신민당 후보는 539만여 표로 표차가 100만 표도 채 나지 않았다), 박정희는 김대중을 모질게 탄압했을 뿐 아니라 의도적으로 무시하고 배제했다. 1970년대 유신 독재에 맞선 대표적인 두 정치인, 김대중과 김영삼 가운데 박 대통령은 야당 총재이던 김영삼과는 단독 영수 회담(1975년)을 했지만 김대중과는 단 한 번도 만나지 않았다. 이종찬 씨(5·6공 때 민정당 원내총무와 사무총장을 지냈지만 1997년 대선에서 김대중을 도와 집권 후 첫 국가정보원장으로 발탁됐다)는 "김대중은 박정희의 공화당 정부가 가장 싫어한 야당 공격수였다. 3선 개헌과 유신을 앞장서 반대했으니 그럴 만도 했다. 하지만 김대중만큼 박정희의 어려운 정책을 지지해 준 야당 인사도 없다. 1965년 한일 국교 정상화에 야당 의원으론 드물게 조건부 지지 의사를 밝혔다. 월남 파병 때는 박순천 민중당 대표와 함께 월남 현지에 가서 장병들을 격려한 게 DJ다. 그런데도 박 대통령은 왜 그렇게까지 했을까, 모르겠다. 아마도 김영삼은 영남 출신이고 김대중은 호남 출신이란 게 영향을 끼치지 않았을까 싶다"고 말했다.

김 대통령은 국정 노트에 "박 대통령과 나는 한국 정치의 두 축이었다. 서로 미워하고 싸웠던 적대적 관계였지만 이제 그런 과거를 훌훌 털고서 화해하겠다. 여러분도 화해의 대열에 동참해 달라"고 대구·경북 원로들에게 요청했다. 이런 화해 시도가 영남과 보수 표를 의식한 정치적 제스처가 아니라는 점도 강조했다. "1992년 대통령 선거 출마 때 동작동 국립묘지의 박 대통령 묘소를 참배했다. 그때는 다분히 선거를 앞둔 행동이었지만, 지금은 현직 대통령 신분이니까 더는 표를 의식할 필요가 없다. 진정으로 화해하겠다는 생각이고, 참으로 뜻깊은 밤이다'라고 심경을 밝혔다. 기념관을 꼭 건립해서 '박정희 대통령의 영전에 보고하자'는 말까지 노트에 적었다.

DJ는 '대통령 박정희'의 긍정적 유산으로 "그가 이룬 근대화의 긍정적 측면에선 국민적 공감대가 이뤄져 있다. '하면 된다'는 자신감을 국민에게 불어넣었다"는 점을 평가했다. 그러나 '독재자 박정희'의 과오에 대해서는 언급하지 않았다. 대구·경북 원로들을 만나는 자리니까 그들의 정서를 의식해서 국정 노트에 일부러 적지 않은 것으로 보인다.

2010년 출간된 회고록에는 박정희 레거시legacy에 대한 냉정한 평가가 담겨 있다. "독재자 박정희. 그가 주동이 되어 일으킨 군사 쿠데타는 명분이 없었다. 민주주의를 일거에 파괴한 건 돌이킬 수 없는 죄악이었다. 그러나 나는 박정희 정권이 경제 발전을 이룬 것은 어느 정도 인정한다. '우리도 하면 된다'는 인식을 국민에게 심어 준 것 또한 사실이다. 하지만 독재 정권이어야만 경제를 용이하게 발전시킬 수 있다는 견해에는 동의할 수 없다."

99.5.13

朴大統領 紀念事業 關聯 晚餐 99.5.1

1. 10.26事態 때의 나의 所懷 — 밤중에 대하 들어서

2. 39年間의 나의 演說 要請 — 成事 민주大統領

3. 누구나 살存에는 功績과 好惡 — 나의 경우도 구별하자

4. 우리나라와 政治의 두 軸由

5. 朴大統領 이후 — 경제 했는데(산업化) 권위主義, 민주化
共鉄帯

6. 前歷代大統領으로 참을성 있는 자세, 이제처음으로 東西
화합(30)의 여론이 대세, 화합하는데 앞장서자

7. 紀念 事業 위해 애쓴 紀念事業會 에 감사

8. 당국도 '前歷大統領의 功過에 關하여 公正하게도
의 紀念事業에 支援을 할수있다'에서 뜻 밝혀 주시고

9. '92年 出馬때 喪對陣영과의 和解. 그때로 多數가
이제는 出馬 없다. 눈앞에 和解의 시대로, 오늘도 또
했는데 닷컴이는 또

10. 시간이 위 가면서 우린 教訓 — 화합을 물물명으로 위해야

11. 여러분도 和解의 際際에 同參 — 朴大統領의
功勞에 報 하시자

〈박 대통령 기념사업 관련 만찬〉 99.05.13

1. 10·26 사태 시의 나의 소회-생전에 대화 못 한 것
2. 79년 봄의 나의 면담 요청-성공하는 대통령
3. 누구나 생전에는 찬반의 대상-나의 입장은 반대 무
4. 우리는 한국 정치의 두 축
5. 박 대통령 이룬 경제적 근대화 부인 못 해. 국민적 공감대
6. 전직 대통령은 부정의 대상, 이제 처음으로 존경과 평가의 여론이 우세, 하면 된다는 자신감
7. 기념사업 위해 애쓴 기념사업회에 감사
8. 정부도 '전직 대통령 예우에 관한 법률' 제5조의 '기념사업의 지원을 할 수 있다'에 의거, 지원 불석不惜(아끼지 않는다는 뜻)
9. 92년 출마 시 묘소 참배해서 화해. 그때는 선거 시. 이제는 출마 없다. 진정한 화해의 심정. 오늘 저녁 참으로 뜻깊은 밤
10. 서로 미워하고 싸우던 적대-과거를 훌훌 털고 화해
11. 여러분도 화해의 대열에 동참-박정희 대통령의 영전에 보고하자

그날 만찬 참석자들에게 DJ는 "나는 박 대통령을 정치적으로 비판했으나 맹세코 미워하지는 않았다"고 말했다고 대구《매일신문》은 보도했다. 국정 노트에 "누구나 생전에는 찬반의 대상-나의 입장은 반대 무(無)"라고 적은 건 그런 뜻이다. 김 대통령 발언을 듣고 대구·경북 원로들은 감동했다고 한다.《매일신문》은, 신현확 전 총리가 '위대한 결정'이라는 극찬을 아끼지 않았으며, 김재학 박대통령생가보존회장은 "박 대통령 밑에서 부귀영화를 누린 자들은 기념관의 '기' 자도 꺼내지 않는데 가장 박해를 받은 김 대통령 말에 눈시울이 붉어진다"고 말했다고 썼다.

만찬 다음 날 김 대통령은 남궁진 청와대 정무수석을 불러 박정희 대통령기념관 건립을 챙기라고 지시했다. "곧바로 고건 서울시장을 찾아가 기념관 터를 찾아 달라고 요청했다. 나와 고건 시장이 노량진과 상암동의 부지 후보지를 함께 돌아보고 상암동으로 최종 결정했다. 건립 비용은 정부에서 200억 원을 우선 지원하고, 기념사업회가 매칭 펀드 형태로 500억 원을 자체 모금하기로 했다." 남궁진 전 수석의 이야기다.

정부 지원금 200억 원으로 2002년 1월 서울 마포구 상암동 지금의 자리에 기념관 건립의 첫 삽을 떴다. 시민사회 단체들의 반대가 만만치 않았지만 김대중 정부였기에 착공이 시작될 수 있었다. 박정희기

넘관(정식 명칭은 '박정희대통령기념도서관') 건립 사업은 민간 모금이 잘 이뤄지지 않아 우여곡절을 겪다가 2012년 2월 이명박 정부 때 비로소 완공하고 정식 개관했다.

평가는 엇갈린다. 그래도 의미 있는 것은 십수 년간 정치적 박해를 받고 1973년에는 도쿄 납치 사건으로 죽음의 경계선을 넘나들었음에도 DJ가 집권 이후 어떤 정치 보복도 하지 않고 박 대통령을 용서했다는 점이 아닐까 싶다. 단순히 대선 공약이나 김종필 총리와의 약속 때문이라고 보기는 어렵다. 정치인 김대중이 오랫동안 고민하면서 가다듬어 온 생각이라 보는 게 타당하다. 박정희와 정치적 대결을 본격화하던 1960년대 후반부터 김대중은 '민주주의 정착과 평화적 정권 교체 실현을 위해선 정치 보복을 하지 않는 게 필수적'이라는 생각을 공개적으로 밝혔다. 1980년 자신을 사형시키려 했던 신군부의 전두환·노태우 두 사람을 사면하고, 재임 중 자주 청와대로 초청해 조언을 구했던 것도 같은 맥락이었다.

전·노 사면 논란과
정치 보복하지 않을 결심

1998년 7월 31일 청와대에서 김대중 대통령과 전직 대통령들의 만찬 행사가 열렸다. 현직 대통령이 전직 대통령 4명을 모두 초청해 식사를 함께한 것은 처음 있는 일이었다. 직전 대통령인 김영삼을 비롯해 전두환·노태우·최규하 등 생존한 대통령이 모두 참석했다. 미국에서는 전·현직 대통령이 모두 모이는 경우가 간혹 있다. 2018년 12월 아버지 조지 부시 전 대통령(제41대)의 장례식 때 아들 부시 전 대통령(제43대)은 물론이고 지미 카터, 빌 클린턴, 버락 오바마 전 대통령과 도널드 트럼프 현직 대통령이 워싱턴 국립대성당에 함께 자리한 적이 있다. 그러나 한국에서는 취임식을 제외하고 전·현직 대통령이 한자리에 모인 건 이날이 처음이었다.

김대중 대통령의 국정 노트에는 1998년 7월 31일 전직 대통령 4명과의 오찬에 관한 메모가 적혀 있다. 내용은 이랬다.

전직 대통령들과의 만남

DJ가 '반세기 회고'를 하면서 "역대 대통령 모두의 노력과 공헌으로 지금의 대한민국이 만들어졌다. 전직 대통령 4명 모두가 역사의 증인이자 주역"이라고 말한 건 단순한 의례적 언사는 아니다. DJ는 전직 대통령의 공과功過에 대한 평가와 별개로, 이들의 국정 운영 경험을 존중하겠다는 뜻을 오래전부터 공개적으로 밝혔다.

제7대 대통령 선거를 앞둔 1970년 10월 24일 대전 연설에서 김대중은 "내가 집권하면 이승만 박사를 독립과 건국의 원훈으로서, 장면 박사는 4·19 정신을 받든 민주 정권의 수반이었던 분으로서 상당한 명예 회복 조처를 취하고, 윤보선·박정희 두 전직 대통령을 고문으로 추대해서 재직 시의 경험이 국정에 반영되도록 하겠다"고 말했다. 1971년 4월 25일 대구 유세에서는 "나는 집권하면 이 땅의 민주주의 발전을 위해서 일체의 정치 보복을 하지 않을 것이다"라고 밝혔다. 전직 대통령을 예우하는 게 정치 안정과 민주주의 정착에 도움이 된다고 본 것이다.

DJ가 집권 이후 전두환·노태우 등 전직 대통령을 여러 차례 초청

前職 大統領 招請   98.7.31

'98.7.

1. 人事 — 萬事 問安. 批准式을 滯... 議

2. 建國 50周年
   ① 軍艦에 回顧 : 激勵나 불法나 怨讐. 獻...
   ② 三位 大統領 모두 心中나 功勞.
   ③ 오늘 招請 4人. 歷史에나 法人에 자리...
   ④ 앞으로도 同志처럼 協力해주시기를

3. 經濟難局의 打開
   ① 6.25以后의 困難
   ② 外換危機는 一旦安定
   ③ 失業. 中小企業. 農業 등 社會的 기반 動搖
   ④ 對外 — 身認도. 投資誘致
   ⑤ 對內 — 4大改革

4. 志向. │ 民主主義 · 市場經濟 │

5. 隘路事項
   ① 政治의 安定 不進
   ② 地方色 尚存
   ③ 勞使問題

6. 특별히 支援 부탁.

김대중 대통령이 전직 대통령 만찬을 앞두고 작성한 국정 노트. 자신을 사형시키려 했던 전두환·노태우 전 대통령에 대한 감정은 전혀 내비치지 않고 국정 운영 성공을 위해 특별히 지원해 달라고 부탁하고 있다. 김대중평화센터 제공

〈전직 대통령 초청〉 98. 07. 31
1. 인사-하절(여름) 문안. 취임식 참석 감사
2. 건국 50주년
① 반세기 회고: 격동과 긴장의 연속, 감개무량
② 역대 대통령 모두 심로와 공헌
③ 오늘 참석 4인, 역사의 한 증인이자 주역
④ 앞으로도 국가 위해 협력해 주시기를
3. 경제 난국의 타개
① 6·25 이후의 국난
② 외환 위기는 일단 안정
③ 실업, 중소기업, 농업 등 사회적 기반 동요
④ 대외-수출, 투자 유치
⑤ 대내-4대 개혁, 민주주의, 시장 경제
4. 세계화 지향
5. 애로 사항
① 정치의 안정 부족
② 지방색 상존
③ 노사 문제
6. 특별한 지원 부탁

해 대화를 나눈 것은 1971년 대선 공약을 그대로 실천한 것이다. 김 종인 전 국회의원(민주당과 국민의힘에서 비상대책위원장을 지냈다)은 2022년 펴낸 책 《대통령은 왜 실패하는가》에서 "역설적이게 과거 정부에서 가장 탄압을 받은 정치인 가운데 한 사람인 김대중은 전직 대통령과 유가족을 가장 잘 예우했다"고 평했다.

김 대통령은 국정 노트에 외환 위기(IMF 사태) 상황과 정부의 대응 노력을 자세히 적고 전직 대통령들의 도움을 요청했다. 1997년 11월 갑작스레 닥친 외환 위기로 온 나라가 충격에 빠졌었다. 김 대통령은 IMF 사태를 한국전쟁 이후 최대 국난이라고 표현하며 "외환 위기는 일단 진정됐지만 실업과 중소기업, 농업 등 사회적 기반이 동요하고 있다. 정부는 대외적으론 수출과 투자 유치에 힘쓰고, 대내적으론 4대 개혁과 민주주의·시장 경제의 병행 발전을 위해 노력하고 있다"고 설명했다. 국정 운영의 애로 사항으로 정치 안정 부족과 지역주의, 노사 문제 등 세 가지를 든 DJ는 4명의 전직 대통령에게 '특별한 지원'을 부탁했다.

이 만찬 이후에도 김 대통령은 여러 번 전직 대통령을 초청했다. 하지만 최규하·전두환·노태우·김영삼 4명이 한자리에 모인 건 이날이 처음이자 마지막이었다. 최규하 대통령은 몸이 아파서 참석이 어려워졌고, 김영삼 전 대통령은 '전두환·노태우와 한자리에 앉기 싫다'는 이유로 번번이 초청을 거절했다. 여기에는 첫 만찬 때 김영삼 전 대통령을 향한 다른 전직 대통령들의 공세가 영향을 끼쳤다. 외환

1998년 7월 31일 김대중 대통령은 청와대로 최규하, 전두환, 노태우, 김영삼 등 4명의 전직 대통령을 초청해 만찬을 했다. 전·현직 대통령 5명이 모두 한자리에 모인 것은 처음이자 마지막이었다. 그런데 다른 전직 대통령들이 외환 위기 책임을 거론해서 분위기가 굳었다. 연세대 김대중 도서관 제공

위기 속에 열린 만찬은 아무래도 경제 문제가 주요한 대화 주제에 오를 수밖에 없었다. 전두환을 비롯한 다른 전직 대통령들은 외환 위기의 직접 책임이 있는 김영삼 대통령을 직설적으로 겨냥했다고 한다.

　당시 청와대 공보수석 겸 대변인이던 박지원 씨(현재 국회의원. 문재인 정부에서 국가정보원장을 지냈다)의 이야기다. "김중권 비서실장과 내가 청와대 본관에 도착한 전직 대통령들을 안내해서 만찬장에 들어갔다. 전두환 전 대통령을 안내해 만찬장에 들어가니까, 저쪽에 김

대중 대통령이 먼저 온 김영삼 전 대통령과 테이블 앞에 서서 얘기를 나누고 있었다. 전 전 대통령은 김대중 대통령 쪽으로 걸어가면서 '경제를 모르는 사람이 대통령을 해서 나라를 망치더니…'라고 옆에 들리도록 얘기를 했다. 그 뒤에도 비슷한 장면이 여럿 있었다. 말씀을 잘 안 하시는 최규하 전 대통령이 '멀쩡한 나라를 다 망쳐 버렸다'고 은근히 YS를 겨냥했고 노태우 전 대통령도 '대통령은 경제를 좀 아는 사람이 해야지'라고 거들었다. 김대중 대통령이 만찬 내내 화제를 돌리느라 곤욕을 치렀다.”

용서는 너그러운 강자만이 할 수 있다

전두환·노태우는 자신들을 사면했을 뿐 아니라 재임 기간 내내 따뜻하게 대우한 DJ에게 고마워했다. 2009년 8월 김대중 대통령이 서거하기 전 서울 신촌 세브란스병원 중환자실에 입원해 있을 때 문병을 온 전두환은 이희호 여사에게 이렇게 말했다. “김대중 대통령 때 전직(대통령)들이 제일 행복했다. 재임 동안 10번 가까이 (청와대에) 초대받아 세상 돌아가는 상황을 정확하게 파악할 수 있었고 도움도 많이 받았다. 현직이 안 봐주면 전직만큼 불쌍한 이들이 없지 않으냐. 어떤 대통령도 그렇게 하지 않았다.” 전두환은 병원을 나서면서 방문 의미를 묻는 기자들의 질문에 “무슨 얘기를 듣고 싶은 건가?”라고 나지막이 말했다고《동아일보》는 보도했다.

전·노 두 전직 대통령의 사면은 김대중 대통령 레거시 중 가장 논란이 되는 사안 중 하나다. 전·노 사면은 대선 직후인 1997년 12월 20일 김영삼 대통령과 김대중 대통령 당선자의 오찬 뒤에 발표됐다. 형식적으로는 현직 대통령인 YS가 사면을 했지만 당선자인 DJ의 동의가 없었다면 불가능했던 일이다. DJ는 대선 과정에서 전·노 사면을 공약했다. 국민 통합이 명분이었다. 비판론자들은 선거에서 보수와 영남 표를 얻기 위해 DJ가 정의를 외면했다고 말했다.

물론 선거를 의식한 측면이 없지는 않을 것이다. 그러나 전·노 두 사람에게 보복하지 않겠다는 생각은 오래전부터 김대중의 마음속에 있었던 것으로 보인다. 전두환이 이끄는 신군부는 1980년 김대중을 5·18 민주화운동 배후로 몰아 군사 법정에서 사형을 선고했다. 그때는 정말 내일 당장 사형을 집행해도 이상하지 않을 정도로 신군부의 광기가 기승을 부리던 시기였다. 김대중은 그해 9월 11일 육군 본부 계엄보통군법회의 최후 진술에서 이렇게 말했다. "나는 전두환 대통령이 국민 총화의 분위기 속에서 민주 세력과 관용으로 토론해 나가기를 바란다. … 마지막으로 여기 앉아 계신 피고인들에게 부탁드린다. 내가 죽더라도 다시는 이러한 정치 보복이 없어야 한다는 것을 유언으로 남기고 싶다. 나는 기독교 신자로서 민주 회복을 위한 사회 구원, 민족 구원을 생각했다."

DJ는 그 뒤에도 이런 생각을 꾸준히 밝혔다. 1980년 11월 24일 육군교도소에서 둘째 아들 홍업 씨(현재 김대중평화센터 이사장이다)에게 보낸 옥중 서신에 "남을 용서하지 않고 미워한다는 것은 자기 자신의 마음을 증오와 사악으로 괴롭히는 자기 가해의 어리석은 행동이다. … 용서와 사랑은 진실로 너그러운 강자만이 할 수 있다"고 썼다. 1986년 12월 14일 미국 반전운동가 프레드 브랜프먼과의 대담에서는 "저는 비록 그들이 우리, 그중에서도 특히 나 자신을 박해했다 할지라도 민주주의가 실현된 뒤 보복할 의도는 추호도 없습니다. 정치적 보복은 불필요할 뿐 아니라 우리가 정치적 안정과 화해를 이룩하는 데 이바지하지도 못할 것입니다"라고 말했다.

김대중은 1997년 대선을 앞두고 전·노 사면 공약을 밝히면서 "두 분의 진실한 사과 절차가 뒤따라야 한다"고 조건을 달았다. '진실한 사과'라는 조건은 시민사회 단체들이 요구한 '책임자 처벌'과는 거리가 있었다. 시민사회 단체들은 광주 유혈 진압 책임자의 처벌을 가장 중요한 해결 원칙의 하나로 삼았다. 김대중은 가해자 처벌을 최대한 자제할 것을 주장했다는 점에서 시민사회 단체들과 거리를 뒀다.

DJ의 이런 생각은 넬슨 만델라로부터 영향을 받은 것으로 보인다. 〈김대중의 화해 사상과 정치〉라는 논문을 쓴 김학재 고려대 평화와민주주의연구소 선임연구원은 "김대중 대통령은 야당 총재 시절인 1995년 7월 의원총회에서 광주 민주화운동 해결 방안으로 '나는 평민당 시절부터 진실 규명, 명예 회복, 기념사업, 적절한 배상, 네 가지를 촉구해 왔다'고 말했다. '책임자 처벌'을 언급하지 않았다는 점에서 DJ는 남아공 사례를 광주 문제 해결의 롤 모델로 삼았던 것으로 보인다"고 말했다. 김 대통령은 재임 중이던 2001년 3월 12일 남아공 대통령에서 퇴임한 만델라를 초청해 청와대 영빈관에서 만찬 행사를 열었다. 그날 김 대통령은 만찬 연설에서 "각하(만델라)께서는 대통령 재임 중에 '진실화해위원회'를 설치해 지나온 역사에 대한 사면과 보상으로 화합을 도모하셨습니다"라고 말했다. 만델라가 백인 정권의 핵심 인사들을 처벌하지 않고 국민 통합에 힘쓴 점을 평가한 것이다.

전·노 사면에 대한 논란과 명암

그러나 김 대통령 개인의 '화해와 용서'와는 별개로, 전·노 사면을 둘러싼 사회적 논란은 아직도 진행형이다. 전두환 전 대통령은 2021년 사망할 때까지 5·18 민주화운동 유혈 진압의 책임을 인정하고 공식으로 사과하지 않았다. 2017년 발간한 회고록에서는 5·18을 북한군이 개입한 반란이자 폭동이라고 주장했다. 최영태 전남대 명예교수는 "DJ의 전·노 사면과 용서는 가해자가 형식적 사과조차 하지 않았기 때문에 빛이 바랬다. 잘못을 반성하지 않은 자에게 사면·복권 차원을 넘어서 청와대로 초청하고 전직 대통령으로 깍듯하게 예우한게 과연 합당한 행동이었는지는 냉정한 토론이 필요하다. 다만, 자신을 죽이려 한 정적까지 용서한 결단은, 증오와 미움의 정치가 확산하는 현 시기엔 평가할 대목이 있다"고 말했다.

전·노 사면과 전직 대통령 예우는 국정 운영 측면에서는 분명한 플러스 요인이 되었다. 외환 위기로 전례 없는 어려움에 직면한 나라를 통합하고 국민 에너지를 하나로 모으는 데 도움을 줬다. 또 진보 성향의 소수파 대통령으로서, '혹시 보복하지 않을까'라는 보수 진영의 경계심을 누그러뜨리는 데도 역할을 했다. 정치적 우군이었던 시민사회 세력의 비판에도 불구하고, 보편적으로 타당하고 국정 운영에 도움이 된다고 판단하면 DJ는 그런 쪽으로 결정을 내렸다. 대통령으로서 김대중은 '국정 운영의 성공'을 다른 어떤 가치보다 우선했던 것으로 보인다.

이 지점이 바로 '대통령 김대중'에 대한 높은 평가와 함께 비판이 공존하는 곳이다. 후대 대통령들이 가장 고민하는 부분도 바로 이런 지점에서의 결단일 것이다. DJ는 국정 운영 성과를 내는 데 도움이 되고, 지지층의 반발에도 보편적 가치에 부합하는 측면이 있으며, 나의 개인적 이익과 관계가 없다는 판단이 서면 냉정하게 그런 쪽으로 결정을 내렸다. 전·노 사면은 국정 운영에는 분명 도움이 됐고, '정의'와 충돌하지만 '용서'라는 가치에 부합하는 측면이 있었다. 또 자신이 전·노 신군부의 가장 큰 피해자였기에 개인의 이익을 위한 결정이라는 비판에서 자유로울 수 있었다.

5

멋진 정치란 용서하고
역지사지하는 정치

"박근혜 대표가 인사 와서 아버지가 나한테 한 일에 대해서 미안하게
생각한다고 아주 정중하게 사과를 했어요. 그런 말을 들으니까 내가
무슨 구원받은 생각이 들더라고. 그래서 내가 박근혜 대표 보고, 당신
이 그렇게 말해 줘서 고맙다고 얘기했어. 아버지 사후에 아버지를 대
신해서 사과했다는 것, 그 사과를 받는다는 것이 참 뭔가 감동을 느
끼더라고. 영원한 원수라는 것은 없다 하는 그런 생각을 했어요. 나는
박 대통령을 포함해서 어떤 개인에 대해서도 개인적 원한이라든가
어떤 복수심도 영원히 갖지 않겠다, 그래서 박 대통령 죽은 후로 납
치 사건(1973년 도쿄 납치 사건)에 관련된 자들도 전부 용서했어요."(김
대중 육성 회고록)

김대중 전 대통령이 2004년 8월 12일 서울 동교동 김대중평화센터를 찾은 박근혜 한나라당 대표와 대화하고 있다. 박 대표는 이 자리에서 아버지 박정희의 정치 탄압을 공식 사과했다. 김 전 대통령은 그 얘기를 듣고 "내가 구원을 받은 생각이 들었다"고 말했다. 국회사진기자단 제공

2004년 8월 박근혜 한나라당 대표가 서울 동교동 김대중평화센터로 찾아와 사과한 일에 대한 김대중 대통령의 소회다. 그날 박근혜 대표는 퇴임한 김 대통령에게 "아버지(박정희 대통령) 시절에 많은 피해를 보고 고생한 것에 대해 딸로서 사과합니다"라고 말했다. DJ는 감격했다고 한다. 박 대표가 돌아간 뒤 이종찬 전 국가정보원장을 불러, 박근혜가 어떤 사람인지 자세히 물으면서 "나한테 사과한다고 말해 줘서 너무 기쁘다"고 말했다고 이종찬 전 원장은 밝혔다.

DJ는 왜 정치 보복을 하지 않았을까

2007년 연세대 김대중도서관이 녹음한 김 대통령의 육성 회고록을 들어 보면, DJ가 왜 자신을 그토록 탄압한 박정희를 용서하고 기념관 건립까지 추진했는지 어렴풋이 짐작할 수 있다. DJ는 박근혜 대표가 인사 온 걸 몹시 뿌듯해하면서 이렇게 말했다.

"나는 (아버지 잘못을 사과한) 박근혜 대표가 참 훌륭한 일을 했다고 생각합니다. 나는 우리 민족은 한恨의 민족이고 흥興의 민족이라고 얘기하고 있어요. 춘향이가 이 도령 만나서 백년해로하고 사는 게 한을 푸는 거란 말이야. 춘향이나 이 도령이 서로 결합함으로써 만족하지, 누구를 정치 보복한 것은 나오지 않아요. 흥부의 한은 가족들하고 배부르게 먹는 것이 아니겠냐고. 그러니까 박 속에서 재물보화가 나와 가지고 부자가 됐는데, 자기를 그렇게 박대했던 형님한테 보복하지 않고 오히려 나눠 줍니다, 재물을. 심청이 한은 아버지가 눈 뜨는 것이 한을 푸는 것인데, 옥황상제님이 건져 올려 가지고 황후가 되었는데 아버지가 눈 뜬 것을 보지 못하니까 심청이 한이 풀리지 않는다고. 그래서 맹인 잔치를 해서 심 봉사가 눈을 뜨는 걸 보고서 비로소 한이 풀린다고. 그러니까 한이라는 것은 말하자면 자기의 고통스러운 현실, 그것을 해결하는 것이 목적이지 누구한테 보복한다든가 어떤 부귀영화라든가, 그런 것은 한을 푸는 본질이 아니다 그런 얘기죠.

우리나라에서 한이나 흥이나 뭐 이런 것은 외국말로 번역이 안 돼

요. 그런 감정이 우리 민중들이 가지고 있는 좀 특별한 그런 감정이 아닌가 그렇게 생각해요. 사람이라는 건요, 누구나 악을 행할 수 있어요. 사람 마음속에는 악과 선이 있어요. 악인이 선이 못 된다면 용서할 수가 없죠. 그런데 악인이 성인이 된 예도 얼마든지 있단 말이에요. 참, 그 사람이 한 행동을 용서하기가 어렵고 마음을 그렇게 먹기 어렵지만, 그거는 우리가 결단을 해야 한다, 그 대신 그런 죄를 행하는 법률이라든가 제도라든가 사회적 관행이라든가 이런 건 당연히 없어져야 한다, 이것이 내 일관된 생각이오. 나는 박정희 대통령을 포함해서 어떤 개인에 대해서도 개인적인 원한이라든가 어떤 복수심을 영원히 갖지 않겠다, 나는 박 대통령 죽은 후로 납치 사건(김대중 도쿄 납치 사건)에 관련된 자들도 전부 용서했어요. 처벌을 바라지 않는다, 그 대신 진실을 밝혀라, 이 얘기가 지금도 일관된 태도예요."(김대중 육성 회고록)

  김 대통령 차남 홍업 씨(현재 김대중평화센터 이사장이다)는 1997년 대선 승리 직후에 '도쿄 납치 사건 관련자들에게 보복하지 않겠다'는 이야기를 직접 아버지한테서 들었다고 한다. 홍업 씨는 "아버지가 1997년 12월 대선에서 승리하자 도쿄 납치 사건을 주도했던 이후락 전 중앙정보부장이 해외로 도피하려 한다는 이야기가 들렸다. 그걸 듣고 아버지가 '어떤 보복도 하지 않을 테니 국내에 있어도 좋다'는 뜻을 이후락 씨에게 전했다고, 아버지로부터 들었다"고 말했다.

용서의 정치를 할 수 있었던 세 가지 이유

김대중은 왜 자신과 동료들을 모질게 박해한 박정희·전두환 군사 정부 지도자와 그 무리에게 정치 보복을 하지 않겠다고 했을까? 세 가지로 요약할 수 있지 않을까 싶다. 첫째, 종교적 가르침을 따르는 게 옳다는 믿음이다. 김대중은 1980년대 초반 사형 선고를 받고 투옥됐을 때 가족에게 보낸 편지에서 '원수를 용서하고 사랑하라'는 기독교 가르침을 여러 번 인용하며 이를 통해 절망적 상황에서 마음의 평온을 찾았다고 밝혔다. 1980년 11월 24일 둘째 아들 홍업 씨에게 보낸 편지가 대표적이다. DJ는 편지에서 "이웃에의 사랑은 하느님의 계명 중 가장 중요한 것이다. … 사랑하는 데서 어려운 것은, 증오한 자를 용서하고 사랑해야 한다는 것이다. 그러나 몇 가지 가능한 길이 있다. 첫째는 나 자신도 죄인이라는 것이다. 둘째는 남을 용서하지 않고 미워하는 것은 자기 자신의 마음을 증오와 사악으로 괴롭히는 자기 가해의 어리석은 행동이라는 점이다. 셋째는 용서와 사랑을 거부해선 인간 사회의 진정한 평화와 화해를 성취할 수 없다. 넷째로 용서와 사랑은 진실로 너그러운 강자만이 할 수 있다"고 썼다.

둘째, '용서는 진실로 너그러운 강자만이 할 수 있다'는 말에서 배어나듯 DJ는 스스로 '너그러운 강자'가 되고 싶어 했다. 김대중은 생전에 가장 존경하는 정치인으로 에이브러햄 링컨과 넬슨 만델라를 꼽았다. 두 사람에게는 정적을 포용하고 정치 보복을 하지 않음으로

써 국가 분열의 위기를 막고 존경을 받았다는 공통점이 있다.

링컨 대통령은 1861년 미국의 분열을 막기 위해 내전(남북전쟁)을 감수했지만, 전쟁이 끝난 뒤에는 통합을 최우선에 두고 국정을 운영했다. 남북전쟁에서 승리한 직후 한 장군이 '패배한 남부군을 어떻게 할까요?'라고 묻자 링컨은 "그들을 진정시키세요"라고 대답했다. 그런 링컨을 김대중은 "용서의 정치로 승리한 가장 훌륭한 모범"이라고 평가했다. "나를 죽이려 한 전두환·노태우 두 전직 대통령을 용서할 수 있었던 것도 링컨의 영향이었다"고 미국 시사 주간지《타임》인터뷰(1998년 2월 24일)에서 밝힌 적이 있다. 1979년 안병무 교수에게 보낸 편지에 담긴 "링컨이 두 번째 대통령 취임식에 임하면서 그 연설 속에서 말한 '누구에게도 악의를 품지 말고 관용을 베풀라malice toward none, charity for all'는 저의 기본 주의主義입니다"라는 대목은 시사적이다.

김대중이 만델라를 존경한 것도, 백인 정권에 의해 27년간 투옥됐던 그가 대통령이 된 뒤에는 정치 보복을 하지 않고 남아공 국가의 통합에 온 힘을 쏟았기 때문이다. 인요한 연세대 의대 교수(2024년 총선에서 국민의힘 비례 국회의원으로 당선됐다)의 이야기는 흥미롭다. "1994년 무렵 연세대 가정의학과 교수로 일할 때의 일이다. 신촌 세브란스병원과 가까운 동교동 자택으로 몇 번 왕진을 가면서 야당 정치인 DJ와 친해졌다. 나는 1980년 초반에 대학을 다녔기에 전두환·노태우 씨를 아주 싫어했다. 어느 날 왕진을 가서 DJ에게 수액을 놓으면서 내가 이런 말을 했다. '박정희는 죽었지만 전두환은 살아 있지 않습니까? 전두환에게 꼭 복수하셔야 합니다.' 그랬더니 DJ는 '인 교수, 복수라는 게 무슨 말이야? 복수는 못쓰는 것이야'라면서 넬슨 만델라 얘기를 꽤 오랜 시간 했다. '백인에게 그렇게 탄압받았는데도 만델라는 대통령이 된 뒤 보복하지 않고 나라를 구했지 않느냐, 나는 만델라를 제일 존경한다'는 내용이었다."

인 교수는 1998년 2월 25일 김대중 대통령 취임식에 초청받아 연단 위 귀빈석에 앉았다. "연단에 앉아 있으니까 저쪽에서 낯이 익은 사람, 전두환 전 대통령이 들어와서 앉더라고요. 그 옆에는 노태우 전 대통령도 보이고요. 내가 거기서 울었습니다. DJ가 포용한다고 하더니 말로만 그런 게 아니구나, 자신을 사형시키려고 했던 사람들을 진짜 용서했구나, 그래서 정말 눈물이 났습니다"라고 인 교수는 말했다.

DJ에 대한 보수의 빗나간 편견

마지막으로, DJ가 정적들을 용서하고 그들과 화해한 매우 현실적이고 현명한 이유가 있다. 군사 독재 시대를 넘어 민주주의가 평화적으로 뿌리내리려면 정치 보복을 하지 않는 게 필수적이라고 DJ는 봤다. 김대중은 '평화적 정권 교체'를 민주주의 핵심으로 여겼다. 그리고 평화적 정권 교체가 가능해지려면 군사 독재와 그에 부역한 이들에게 정치 보복을 하지 않는다는 믿음을 심어 줘야 한다고 생각했다. 김대중은 야당 정치인으로 주목받기 시작한 1960년대 말부터 이런 생각을 거듭해서 밝혔다. 그러므로 1987년 대선 이후 선거 때마다 등장한, '표를 얻기 위한 정치적 속임수'라는 보수 진영의 비난은 틀렸다.

정치인 김대중에 대해 많은 보수 인사가 가진 편견 중 하나가 이것이다. '김대중은 매우 집요하고 과격한 사람이라 권력을 잡으면 반드시 보복한다.' 그러나 김대중은 신민당 국회의원이던 1968년 11월 제7대 국회 예결위에서 이렇게 발언했다. "야당인 신민당이 정권을 잡았을 때 여기 계신 국무위원이나 여당 의원 어느 한 사람도 괴로움을 받을 사람이 없을 것입니다. 그와 같은 정치 보복의 금지에 대해서는, 정권이 교체되고 신민당이 집권하더라도, 선두에서 내가, 국무위원 여러분이나 공화당이나 현 정부 국무위원을 위해서가 아니라, 이 나라의 장래를 위해서 내 개인의 정치적 위치를 걸고라도 투쟁할 그러한 결심을 갖고 있습니다."

김대중은 1971년 제7대 대통령 선거를 앞두고는 "나는 집권하면 이 땅의 민주주의 발전을 위해서 일체의 정치 보복을 하지 않을 것이다(1971년 4월 25일 대구 유세)" "평화적 정권 교체는 정치 보복의 우려를 완전히 배제한 데서 비롯한다(1970년 10월 24일 대전 유세)"라고 반복해서 밝혔다.

선하고 옳은 일을 해야 한다는 종교적 믿음, 에이브러햄 링컨이나 넬슨 만델라처럼 위대한 인물이 되고 싶어 했던 마음이 김대중을 정치 보복의 유혹에서 벗어나게 했다. 여기에 평화적 정권 교체와 민주주의 발전을 위해서는 정치 보복을 하지 않는 게 필수적이라는 현실적인 판단이 결합한 게 김대중의 '화해와 용서' 정책으로 나타났다고 볼 수 있다.

1988년 4월 《동아일보》 인터뷰에서 멋진 정치란 무엇이냐는 질문에 김대중은 "용서하는 정치"라고 답하면서 "역지사지하는 정치라야 비로소 여유가 생기고 화해와 협력의 정치로 승화하게 된다"고 말했다. 오늘날 한국 정치에도 울림을 주는 말이다.

언론 개혁에 대한
DJ와 노무현의 연대감

노무현 민주당 후보가 대선에서 극적으로 승리한 지 나흘 뒤인 2002년 12월 23일, 김대중 대통령은 청와대에서 노 당선자와 오찬을 함께했다. 국정 인수인계를 위한 현직 대통령과 차기 대통령의 만남이었다. 김 대통령은 이날 국정 현안을 노트에 깨알같이 적어서 1시간 30분 동안 노무현 당선자에게 자세하게 설명했다.

'주요 국정 현안'이라는 제목이 붙은 메모는 주로 외교·안보 이슈를 담고 있다. 북한 핵 개발로 위기가 높아지는 한반도 상황과 주변 강국들의 입장을 김대중 대통령의 경험을 토대로 자세하게 적었다. 국내 현안에 대해서는 "노 당선자가 잘 알고 계실 것이다. (필요하면) 장·차관과 수석비서관이 언제든지 설명하도록 하겠다"고 간략하게

2003년 4월 22일 노무현 대통령과 김대중 전 대통령이 청와대에서 부부 동반으로 만찬을 가졌다. 이날 대북 송금 특검과 북핵 문제 등 주요 국정 현안에 대해 의견을 나누었는데, 두 사람의 회동은 노무현 대통령 취임 이후 처음이었다. 노무현재단 제공

언급했다. 다만, 한 가지 사안에 대해서는 별도 항목으로 노 당선자에게 자기 생각을 전했다. 바로 언론사 세무 조사에 관한 내용이다. '세무 사찰의 정당성'이라는 제목이 붙은 메모의 내용은 이랬다.

언론 개혁의 필요성과 세무 사찰의 정당성

김 대통령이 국내 현안은 굳이 언급하지 않겠다고 하면서, 유독 언론사 세무 조사만 국정 노트에 적은 것은 의미심장했다. 2001년 진행한

언론사 세무 조사가 그만큼 무겁게 김 대통령의 마음을 짓누르고 있었다는 뜻이었으리라. 사상 초유의 중앙 언론사 세무 조사는 3개 언론사 사주의 구속으로 이어지며 언론 특권을 무너뜨리는 계기가 됐다. 보수 언론의 공격이 격렬해지면서 김대중 정부의 정치적 위기를 심화시킨 측면도 간과할 수 없다. 짧은 메모에서는 대통령의 그런 양가적인 심정이 묻어난다.

메모에서 김 대통령은 언론사 세무 조사가 '국민과 언론인의 압도적 지지를 받았다'고 밝혔다. 세무 조사가 정당한 법 집행이었음을 강조한 것이다. 사실 2001년 언론사 세무 조사는 모든 기업에 5년마다 실시하게 되어 있는 정기 세무 조사의 일환이었다. 언론사도 기업인 이상 예외일 수는 없었다. 대통령은 임기 5년 동안 반드시 한 번은 모든 언론사에 세무 조사를 해야만 했다. 그러나 역대 정권은 언론사의 정기 세무 조사를 면제해 줬다. '권언 유착'이라는 비판을 받는 주된 이유가 이것이었다.

문민정부를 표방한 김영삼 정부는 1994년 언론사 세무 조사를 한 적이 있다. 그러나 세무 조사를 한 사실 자체를 비밀에 부쳤고, 언론사에 영향을 줄 만한 세금 부과도 하지 않았다. 이 사실은 김대중 정부 시절인 2001년 2월 김영삼 전 대통령의 발언으로 국민에 알려졌다. YS는 도쿄에서 특파원들과 만나, 평생의 라이벌인 DJ의 언론사 세무 조사 실시를 강하게 비판했다. "김대중 정부가 돌아오지 못할 무덤을 파고 있다. 중요한 건 정치 보복에 맞서는 언론의 용기로서, 위축되면 안 된다"고 말했다. 그러면서 자신의 대통령 재임 시절에 언론사 세무 조사를 했던 경험을 그만 언급하고 말았다. "당시 (1994년) 조사 결과를 보니, 언론사주의 재산과 개인적인 비리 등이 대거 포착됐다. 이를 공개했다면 언론의 도덕성에 영향을 끼쳐 (언론) 존립이 위태로웠을 것이다. 탈세한 세금 또한 국세청에서 얼마 물리자고 하는 걸 내가 많이 깎아 적당한 선에서 내도록 했다"고 말했다. DJ를 비판하고 보수 언론을 도와주려다 되려 '세무 조사는 정치적 탄압'이라 주장하는 보수 언론의 입장을 난처하게 만든 것이다.

이 발언은 세무 조사가 왜 필요한지를 역설적으로 확인해 주었다. 김 대통령이 국정 노트에 적었듯이 언론사 세무 조사는 다수 국민의 지지를 받았다. 야당인 한나라당의 박근혜 의원조차 "김 대통령이 신년 기자 회견에서 언론 개혁을 언급한 이후 느닷없이 세무 조사를 하는 것이 의심스럽긴 하지만, 그렇다고 세무 조사를 중단하라고 한다면 국민이 받아들이지 않을 것이다. 언론사 세무 조사는 공정하게 진행되어야 한다"고 말할 정도였다.

세무 조사는 2001년 1월 31일 국세청이 '중앙 언론사를 대상으로 정기 법인세 조사를 실시하겠다'고 발표하면서 본격화했다. 김대중 대통령이 1월 11일 신년 기자 회견에서 '언론 개혁'의 필요성을 언급한 지 20일 만의 일이었다. 김 대통령은 기자 회견에서 "언론 자유는 지금 사상 최대로 보장돼 있다. 언론도 공정 보도와 책임 있는 비판을 해야 한다. 국민과 일반 언론인 사이에도 언론 개혁을 요구하는

< 26 >

盧武鉉 當選者에게 午餐 '02. 12. 23

1. 祝賀 좋분의 勝利에게 人事. 國民的 勝利
2. 候補個人의 큰 成功. 國民等의 熱望등에게 힘集結
3. 南北和解. 世代交代. 正義 實現 위한 12民的 熱望의 힘
4. 盲目의 金投令入民란 信賴遠 等

1. (外交外經) 改革은 最善다시 旧滴하게 이루어지도록 돕겠0
2. (國政 마무리) 참되도록 協力 바람

主要 國政懸案

1. (12政基調)
   ① 16武記錄今見에의 好世. 好美 그러나 信濟世界 기초
      에 民營化하고 競爭一切除社会. 投資活도. 勞動
      12民의 皆皆評價 받듯

   ② (北縱立場).
      ④ 이라 戰前 基에 포는 에게 幹擊 그러함
      ⑧ 對美 關係 가장 惡화 , 빠망는 탬維持
      ⓒ 그러 뒤에 부서의 惡化 장所時
      ⑩ 前條요이 弱化. 强立化
      ⑥ 세가지 option - 戰爭. 信價거근. 對話맺고 解決
      ⑥ 今 当면. 約束은지키는CM 묘기 (要注意)

김대중 대통령이 작성한 국정 인수인계 노트 중 언론사 세무 조사에 관한 대목. '세무 사찰의 정당성'이라는 제목이 이 사안을 보는 김 대통령의 인식을 잘 보여 준다. 김대중평화센터 제공

〈세무 사찰의 정당성〉
1. 국민과 언론인의 압도적 지지
2. 모든 언론 기관의 탈세 처리 예외 없었다
3. 세무 사찰 이후 더 한층 비판의 소리 커져
4. 탈세만 취급. 관료의 언론 개혁 입법 주장 거절

여론이 상당히 높다. 언론계와 학계·시민단체·국회가 합심해 투명하고 공정한 언론 개혁을 위한 대책을 세워야 한다"고 촉구했다.

세무 조사 대상은 《조선일보》《중앙일보》《동아일보》, 한국방송KBS, 문화방송MBC, 에스비에스SBS 등 23개 중앙 언론사였다. 《한겨레》와 《경향신문》《내일신문》 등 진보 성향 언론사도 모두 포함됐다. 국세청은 그해 6월 20일, 132일 동안 실시한 언론사 세무 조사 결과를 발표했다. 《조선일보》 864억 원, 《중앙일보》 850억 원, 《동아일보》 827억 원 등 23개 전 언론사에서 총 5056억 원의 세금을 추징하겠다고 밝혔다. 《한겨레》도 11억 6000여만 원의 세금을 추징당했다. 김 대통령이 국정 메모에 쓴 '모든 언론 기관의 탈세 처리 예외 없었다'는 그런 의미였다.

보수 신문은 언론사 세무 조사를 '비판 언론 목줄 죄기'라고 맹비난했다. 《조선일보》 기자들은 성명서에서 "비판 언론을 압살하려는 권력의 음모다. 권력이 정치적 목적을 이루기 위해 신문사를 없애 버릴 수도 있다는 오만을 드러낸다"고 주장했다. 하지만 국정 노트 메모를 보면, 김 대통령은 철저하게 이 사안을 '모든 기업에 실시하는 정기 세무 조사의 일환이다. 언론 기업도 예외 아니다'라는 시각으로 접근하고 있다. "탈세만 취급. 언론 개혁 입법 주장 거절"이라는 메모 내용이 그런 인식을 반영한다. 김 대통령이 메모에서 '언론 개혁 필요성'이라는 표현을 쓰지 않고 "세무 사찰의 정당성"이란 소제목을 단 것도 같은 맥락이다.

DJ와 노무현의 언론관과 동병상련

현직 대통령이 차기 대통령에게 설명해 줄 국내 현안은 경제·사회 등 무수히 많다. 그런데 DJ는 왜 언론사 세무 조사만 콕 집어서 노무현 당선자에게 이야기했을까? 여기에는 김대중이 노무현에게 가진 동병상련의 마음이 담겨 있다.

제16대 대선은 선거 전날 노무현-정몽준 후보 단일화가 깨지면서 마지막까지 승부를 예측할 수 없는 초접전이었다. 만약 이회창 한나라당 후보가 당선돼 김 대통령과 마주 앉았더라면 인수인계 노트의 내용은 달라졌을 것이다. 민주당 후보가 노무현 아닌 다른 사람이었어도 아마 DJ는 언론사 세무 조사를 언급하지 않았을 것이다. 김대중을 포함한 대다수 정치인은《조선일보》등 보수 메이저 언론의 보도가 편파적이라 생각하면서도 꾹 참고 가급적 원만한 관계를 유지하려 애썼다. 노무현은 달랐다. 김 대통령은《조선일보》와 정면으로 싸우면서 대선에서 승리한 노무현 당선자를 높게 평가했다. 국정 메모에 굳이 '언론사 세무 조사' 항목을 집어넣은 이유였다.

박지원 씨(김대중 정부에서 청와대 비서실장과 공보수석, 문화관광부 장관을 지냈다)가 2001년 언론사 세무 조사 직후 노무현 당시 해양수산부 장관을 두고 김 대통령과 나눴다는 대화 내용은 흥미롭다. 국세청이 중앙 언론사 세무 조사에 들어간 직후였다. 노무현 장관은 출입기자들과 식사 자리에서 "언론이 더는 특권적 영역이 아닌 만큼 세무 조사를 받을 때는 받아야 한다. 언론이 대통령보다 더 무섭지 않았냐'고 말했다. 기자가 "언론과 전쟁이라도 하자는 것이냐"고 묻자 노장관은 "못 할 거 뭐 있느냐"라고 응수했다. 노 장관은 나중에 "이 말은 권력이 언론과 전쟁을 하라는 뜻이 아니라 개인이나 정치인이 너무 언론에 굽실거리지 말고, 눈치 보지 말고, 싸울 때는 싸워야 한다는 말이었다"고 밝혔다.

《조선일보》를 비롯한 보수 언론은 '노무현 장관, 언론과의 전쟁 불사해야'라는 제목으로 이를 크게 부각시켰다. '김대중 정부가 언론과의 전쟁이란 목표와 시나리오를 갖고서 세무 조사에 착수했다'는 기획설을 주장하는 근거로 활용하며 노무현 장관 사퇴를 요구했다. 청와대로서는 곤혹스러운 일이었다. 박지원 의원은 김 대통령에게 "제가 노 장관을 만나서 (수위 조절을 하라고) 얘기를 좀 하겠습니다"라고 말했다. 그랬더니 DJ는 "하지 마세요. 그 사람이라도 그런 말을 해야지, 노 장관 아니면 누가 그런 말을 하겠어요?"라며 막았다고 한다. 박 의원은 "김 대통령한테 딱 두 번 그런 얘기를 들었다. 한 번이 이때고, 다른 한 번은 2000년 12월 대통령이 김중권 씨(노태우 정부에서 청와대 정무수석을, 김대중 정부에선 첫 비서실장을 지냈다)를 민주당 대표로 지명했을 때였다. 노무현 장관이 '기회주의자는 포섭 대상이긴 해도 지도자로 모실 수는 없다'고 공개적으로 반대했다. 그래서 내가 '노 장관에게 한번 얘기하겠습니다'라고 하자, DJ는 '하지 마. 그 사람이라도 그런 얘기를 해야지. 그래야 김중권 대표도 민주당 가서 많이 조심할 거 아니야?' 그러시더라"라고 말했다.

과연 언론 장악을 위한 치밀한 계획?

이것을 보면 DJ는 막강한 영향력의 보수 언론과 싸우는 노무현에게 일종의 연대감을 느꼈던 게 아닐까 싶다. 노무현처럼 거대 언론과 정면으로 맞서면서 정치를 하진 못했지만, 적어도 언론사의 탈법을 눈감아 주지는 않았음을 기록하고 싶지 않았을까. 김 대통령은 2009년 강상중 도쿄대 교수와 가진 대담집 《반걸음만 앞서가라》에서 "대통령으로 있을 때 어떤 신문사의 탈세 문제를 다루는 어려운 국면에 맞닥뜨린 적이 있다. 미디어의 힘은 강력하기 때문에 보복이 예상됐고 좀 주눅이 들었다. 그러나 지금 여기서 타협하면 죽을 때까지 후회하게 될 거라는 생각이 들었다. (역대) 정권은 미디어에 굴복하고 말려들었지만, 나는 양심이 명령하는 바에 따라 단호하게 싸우기로 결심했다"고 밝힌 적이 있다. 이 과정에서 DJ는 '법에 따른 탈세 조사'라는 명분을 되뇌면서 엄청난 중압감을 견뎠을 것으로 짐작된다. 노무현 당선자에게 건넨 국정 메모에 국내 현안으로는 유일하게 언론사 세무 조사가 담겨 있는 이유다.

정치적으로 보면 언론사 세무 조사가 김대중 정부에 큰 도움이 됐다고 보기는 어렵다. 조·중·동의 비판은 훨씬 거세졌다. 보수 신문들은 김대중 정부와 이념적 대립각을 뚜렷하게 세움으로써 신뢰의 추락 속에서 활로를 찾았다. 김 대통령은 국정 노트에 "세무 사찰 이후 더 한층 비판의 소리 커져"라고 적었는데, 원문에는 '비판의 자유'로 썼다가 '자유'를 지우고 '소리'로 고친 흔적이 남아 있다. 그러나 분명한 것은 치외법권이던 언론이 이를 계기로 비판과 감시의 울타리 안으로 들어왔다는 점이다. 김대중 정부의 언론사 세무 조사가 없었다면, 2002년 대선에서 노무현 후보가 《조선일보》와 정면 대결하면서 승리하기는 어려웠을 것이다.

세무 조사가 '언론 장악을 위한 치밀한 계획'에 따른 것이었는지는 여전히 논란이다. 《조선일보》는 세무 조사 1년 뒤인 2002년 2월 9일 자 사설에서 "언론사 세무 사찰은 치밀한 기획과 짜여진 각본에 의해 자행된 탄압 공작이었음이 백일하에 드러나고 있다"고 주장했다. 정말 그랬을까?

언론사 세무 조사,
지금 아니면 영원히 못 한다

대통령 신년 기자 회견을 며칠 앞둔 2001년 1월 둘째 주 일요일. 김대중 정부에서 청와대 공보수석과 문화관광부 장관을 지낸 박지원 씨 (김 대통령의 마지막 비서실장도 지냈다)는 갑자기 대통령의 호출을 받았다. 장관직을 그만두고 공식 직책은 없을 때였지만 박지원에 대한 대통령의 신임은 여전히 두터웠다. 박 의원은 당시 상황을 이렇게 기억했다.

"전화를 받고 점심 무렵에 청와대 관저로 올라갔습니다. 대통령이 한광옥 비서실장 등과 함께 거실에 앉아 계시더라고요. 제가 가니까 기자 회견문을 주시면서 한번 읽어 보라고 그래요. 쭉 보니까 남북 관계와 경제 정책 등에서 좋은 내용이 많은데, 눈에 띄는 게 언론 개혁에 관한 대목이더군요. 딱 한 대목 들어 있는데 이게 확 눈에 들어와요. 그래서 제가 그랬습니다. '회견문에 참 좋은 내용이 많은데 언론은 그런 거 하나도 보도하지 않을 겁니다. 언론 개혁이 이슈가 될 겁니다. 이게 신년 기자 회견을 가릴 수가 있으니 이 대목을 넣는 걸 저는 반대합니다.' 대통령이 아무 말씀이 없어요. 그러더니 다른 참모들은 다 내려가라고 하고 저만 안방으로 따로 불렀어요. 저는 다시 '언론 개혁을 정 얘기하시려면 신년 기자 회견에선 빼고 나중에 별도로 말씀하십시오. 이거 넣으면 신년 기자 회견이 다 묻힙니다'라고 했어요. 언론사 세무 조사도 반대했습니다. 그랬더니 대통령이 '지금 하지 않으면 앞으로 영원히 하지 못할 거다. 지금 해야 한다'고 오히려 나를 설득하시더라고요. 그렇게 단호한 모습을 본 적이 별로 없습니다."

어느 정부도 하지 못했던 '칼'을 빼들다

나흘 뒤인 1월 11일 청와대 춘추관에서 신년 기자 회견이 열렸다. 기자 회견 날 아침, 청와대 기자실은 술렁였다. 대통령 신년 기자 회견은 한 해의 국정 운영 방향을 제시하는 중요한 행사라 회견문(모두 연설문, 冒頭 演說文)은 책자로 인쇄해 배포하는 게 관례였다. 그런데 그날 기자실에 배포한 연설문은 A4 용지를 복사해 스테이플러로 찍은 것이었다. 급히 만든 표시가 역력했다.

회견문에 언론 개혁에 관한 언급이 들어가 있는 것도 뜻밖이었다. 내용은 이랬다. "언론 자유는 지금 사상 최대로 보장돼 있습니다. 언론도 공정 보도와 책임 있는 비판을 해야 합니다. 국민과 일반 언론인 사이에도 언론 개혁을 요구하는 여론이 상당히 높습니다. 언론계와 학계, 시민단체, 국회가 합심해 투명하고 공정한 언론 개혁을 위한 대책을 세워야 합니다."

대통령이 공식 기자 회견에서 언론 개혁 필요성을 직접 언급한 건 처음이었다. 시민사회 단체에서는 오래전부터 언론사 정기 세무 조사와 혼탁한 광고·판매 시장 정상화, 개인·가족의 신문사 소유 지분 제한 등 강도 높은 언론 개혁을 요구했다. 하지만 김대중 정부는 '언론 자율'을 내세우며 모호한 태도를 보였다. 드디어 DJ가 언론 개혁의 칼을 빼 든 것인가, 관심이 쏠릴 수밖에 없었다.

청와대 안에서도 극소수의 참모만 언론 개혁 내용이 기자 회견문에 들어간다는 사실을 미리 알았다. 당시 필자는《한겨레》에서 청와대를 출입하고 있었다. 기자 회견 전날 밤, 청와대 수석비서관과 저녁 식사를 같이했다. 오래전에 잡은 약속이었다. 광화문 부근 중식당에서 저녁 7시에 만나기로 했는데 수석비서관이 나타나지 않았다. 약속 시각이 지나서 '대통령과 기자 회견문 독회를 하느라 늦을 거 같다. 기다려 달라'는 문자 메시지가 왔다. 밤 9시쯤 식당에 들어선 수석비서관에게 "기자 회견문은 이미 인쇄에 들어갔을 텐데 왜 다시 독

2001년 1월 11일 청와대 춘추관에서 김대중 대통령이 신년 기자 회견을 열고 있다. 김 대통령은 '언론 개혁'을 강하게 촉구했다. 20일 뒤 국세청은 사상 처음으로 23개 중앙 언론사에 대한 정기 세무 조사에 들어갔다. 연세대 김대중도서관 제공

회를 한 거냐? 내용이 바뀐 거냐?"고 물었다. 이 수석비서관은 "중요한 대목이 하나 추가됐는데 내용은 얘기할 수 없다"고 말했다. 식사를 하면서 계속 물어도 대답하지 않던 그는 헤어질 무렵, 좀 미안했던지 "절대 쓰면 안 된다. 오프 더 레코드(보도 금지 약속)로 알고만 있으라. 언론 개혁을 촉구하는 대목이 새로 들어갔다"고 말했다.

급히 회사에 전화를 걸어 편집국장·정치부장과 시내판에 기사를 쓸지 상의했다. 당연히 1면 톱기사 감이었지만 고민 끝에 쓰지 않기로 했다. 그 무렵 언론 관련 시민단체들은 '5년마다 하도록 돼 있

는 언론사 정기 세무 조사를 법대로 실시하라'는 시위와 청원을 하고 있었다. 《한겨레》도 사설과 기사로 언론 개혁의 필요성을 주장했다. 어차피 몇 시간 뒤 대통령 기자 회견에서 공개될 내용인데 《한겨레》가 먼저 쓰면 '청와대와 짜고 친다'는 오해를 부를 수 있다고 편집국 간부들은 판단했다.

이런 배경이 있었기에 《한겨레》는 김 대통령의 신년 기자 회견 다음 날, 조간신문 가운데서는 거의 유일하게 1면 헤드라인을 '언론 개혁'으로 뽑았다. 보수 신문들은 모두 김 대통령이 야당과 대립을 불사하는 '강한 정치'를 예고했다는 데 초점을 맞췄다. 그때만 해도 대통령의 언급이 언론사 세무 조사로까지 이어지리라고는 생각하지 못했기 때문이다.

물론 보수 신문들은 김 대통령의 언론 개혁 언급에 불쾌한 기색을 감추지 않았다. 《중앙일보》는 사설에서 "특히 걱정스러운 것은 김 대통령의 언론관이다. … 일부 시민단체가 주장하는 언론 개혁이라는 것이 공정 보도와 자유로운 비판 정신을 보장하기 위한 것이라기보다 오히려 좌파적인 소유 구조 개편을 주장하는 지극히 편협한 소수의 소리임에도 불구하고 마치 이런 주장에 힘을 실어 주는 듯한 발언의 진의가 무엇인지 확실히 밝혀야 한다"고 주장했다. 언론 개혁 발언에 주목한 《한겨레》도 분석 기사에서는 "김 대통령 발언은 언론 개혁의 제도화에 강조점이 두어져 있는 것으로 보인다. 현행법상 언론사도 다른 기업과 마찬가지로 5년에 한 번씩 정기 세무 조사를 받게 돼 있지만 국세청은 이를 제대로 실행하지 않았다. 또 언론사의 부당 내부 거래에 대해서도 공정거래위에선 눈을 감아 왔다는 비판을 받았다. 그러나 이런 부분들에 대해 당장 정부가 칼을 빼들 것 같지는 않다"고 전망했다. '돌다리도 두드려 보고서야 건넌다'는 DJ가 언론사 세무 조사라는, 역대 어느 정권도 하지 못한 칼을 빼들 거라고는 누구도 예상하지 못했다.

집권 세력 내부에 존재했던 이견들

김대중 정부 출범 직후, 언론 개혁을 두고 집권 세력 내부에는 두 가지 흐름이 있었다. 하나는 박지원 당시 청와대 공보수석이 대표하는 '보수 언론까지 최대한 설득하는 게 국정 운영에 도움이 된다'는 현실론이었다. 비판론자들은 이걸 '캐시 앤 위스키cash and whisky' 전략이라고 불렀다. 박지원 수석이 차 트렁크에 양주를 가득 싣고 밤마다 언론사 간부·기자들과 폭탄주를 마시며 국정을 홍보하는 걸 빗댄 말이었다. 박지원 의원은 이렇게 말했다. "내가 기자들과 술 마신 걸 '캐시 앤 위스키'라고 비판한 이들이 있지만, 그건 대통령 지시에 따른 것이었다. 대선 기간 나는 매일 조·중·동과 방송 3사를 돌아다니며 '김대중 집권'을 설득했다. 그렇게 대선에서 승리한 뒤 '대통령 되셨으니 이젠 언론사엔 가지 않겠습니다'라고 말했다. 그러자 DJ

가 '언론의 협력 없이 외환 위기 극복할 수 있겠나. 우리 정부가 성공할 수 있겠나. 앞으로도 매일 언론사 가서 도와달라고 해라. 과거는 잊자고 해라'고 당부했다. 그래서 (DJ 집권) 5년 내내 기자들을 만났다. 진보 언론보다 보수 언론을 두 배는 더 많이 찾아갔다." 그런 박지원 의원이 언론사 세무 조사에 반대한 것은 어쩌면 당연했다.

그러나 집권 세력 내부에는 다른 기류도 있었다. '캐시 앤 위스키' 전략은 이미 효용을 상실했으니 집권 초기에 높은 사회적 지지를 활용해 언론 개혁에 나서야 한다는 주장이었다. 《시사저널》이 2001년 2월 입수해 보도한 여권의 언론 개혁 보고서는 그런 기류를 반영했다. 1998년 김대중 정부 초기에 작성된 이 보고서는 재벌과 족벌의 언론 지배, 경영진에 의한 편집권 침해, 지나친 상업화에 따른 시청률·부수 경쟁을 한국 언론의 핵심 문제로 지적하며, 대안으로 재벌·족벌의 소유 지분 제한, 언론사 특혜 폐지, 언론 독과점 해소 등의 법적·제도적 해결책을 제시했다. 기사를 쓴 이숙이《시사저널》기자(현재《시사IN》대표이사)는 "이 문건은 민주당에서 언론 개혁을 적극적으로 주장하던 그룹의 인사에게서 받았다. 이 그룹은 처음엔 국회 입법을 통해서 언론 개혁을 추진하자는 생각이었다. 그런데 시간이 지나도 제대로 추진되지 않고 점점 더 어려워지니까, 더 늦어선 안 되겠다는 판단에서 (언론 개혁 이슈를 취재 중이던) 나한테 보고서를 주지 않았을까 싶다"고 말했다.

언론을 대하는 DJ의 태도가 바뀐 이유

민주당에서 언론 개혁에 적극적인 이는 1997년 대선 때 초선 국회의원이던 정동영(문화방송 앵커 출신으로 노무현 정부에서 통일부 장관을 지냈다), 정동채(《한겨레》 논설위원 출신으로 노무현 정부에서 문화관광부 장관을 지냈다), 김한길(김대중 정부에서 문화관광부 장관을 지냈다) 등이었다. 정동채 전 장관의 이야기다.

"대선에서 승리한 뒤 정동영·김한길 의원과 함께 대통령 당선자 신분인 DJ를 만난 적이 있다. 그때 '캐시 앤 위스키' 전략으론 안 된다, 집권 초기에 언론 개혁을 해야 한다는 얘기를 했다. DJ는 별다른 언급 없이 우리들 얘기를 가만히 듣기만 했다. 특별히 반박하거나, 아니라고 말하지도 않았다. 그러다 박지원 의원 얘기가 나오자 DJ가 한마디 했다. 박지원 의원이 언론사를 찾아다니며 기자들과 술 마시는 걸 김한길 의원이 좀 강한 어조로 비판하자, DJ가 '내가 하지 말라고 하면 안 합니다'라며 걱정하지 말라는 투로 얘기했다. 그날 DJ가 별로 말씀이 없었는데 이 얘기는 분명하게 해서 기억에 남아 있다."

김 대통령은 두 개의 흐름 중 전자를 택했다. 집권 초기에 시민사회 요구인 강도 높은 언론 개혁 대신에, 보수 언론과 우호적 관계를 형성하며 국정 운영에 도움을 얻으려는 전략을 폈다. 권위주의 정권하에서 수십 년간 정치인 김대중을 '빨갱이'라 공격했던 공영 방송사 사장을 무리하게 교체하지 않은 것도 같은 맥락이었다. MBC 이 득렬 사장은 1999년까지 잔여 임기를 다 마쳤다. KBS 사장은 DJ 집권 직후인 1998년 4월 홍두표 씨에서 박권상 씨(《동아일보》 편집국장을 지낸 언론인이다)로 바뀌었지만, 홍 씨에게는 곧바로 한국관광공사 사장 자리를 마련해 줬다.

그런데 집권 3년 만에 상황은 급변했다. 김 대통령이 2001년 신년 기자 회견에서 '언론 개혁'을 공개적으로 촉구한 건 신호탄이었다. 20일 뒤 국세청은 23개 중앙 언론사에 대한 정기 세무 조사를 발표했다. 곧이어 공정거래위원회가 10개 중앙 일간지와 방송 3사의 불공정 거래 행위와 내부 부당 거래에 대한 조사에 착수했다. 무엇이 김 대통령의 마음을 바꿨을까? 언론을 대하는 DJ의 생각은 정말 바뀐 것일까?

우정 어린 비판에 목말랐어도
흥정과 거래는 없다

언론에 대한 '정치인 김대중'과 '정치인 노무현'의 접근 방식은 달랐다. 한국 현대사에서 김대중만큼 언론의 왜곡과 공격에 시달린 정치인은 없다. 1971년 제7대 대선 이후 수십 년간 '빨갱이'라는 모략을 받았고, '과격하다' '믿을 수 없다' '부정 축재' '대통령병 환자'라는 비난에 시달렸다. 그래도 김대중은 언제나 보수 주류 언론과 좋은 관계를 가지려 노력했다. 이런 태도는 집권 이후에도 기본적으로 변함이 없었다. 김대중 대통령이 야당 총재 시절인 1993~1997년 비서실장을 지낸 정동채 전 문화관광부 장관의 이야기는 흥미롭다. 정 전 장관은 2002년 노무현이 민주당 대통령 후보로 선출된 뒤 노 후보의 비서실장도 지냈다.

"김대중 총재 비서실장 시절에 DJ 지시로 조·중·동 사장을 찾아간 적이 여러 번 있다. 그때 DJ는 '새정치국민회의 총재 김대중'이라 적힌 명함에 만년필로 '제 비서실장인 정동채 의원을 보냅니다. 설명 듣고 선처 바랍니다'라고 직접 써서 나한테 줬고, 나는 그 명함을 전달하며 DJ의 얘기를 전했다. 자신에게 적대적인 보수 언론에도 그렇게 했다. 노무현 후보는 달랐다. 2002년 대선 후보 선출 전당대회가 끝난 뒤 얼마 되지 않아 노무현 후보에게 국회 의원동산에서 출입 기자들과 간단한 회식을 겸한 기자 간담회를 하면 어떻겠냐고 건의했더니 '하지 말라'며 딱 잘라 거절했다. 《조선일보》 등과는 아예 접촉하려 하지 않았다. 나한테 'DJ가 언론에 얼마나 당했나요? 잘해 준다고 논조가 달라지기나 합디까?'라고 되물은 적도 있다."

성역은 아니지만 고심에 고심을 거듭하다

그렇게 주류 언론과 정면으로 맞서며 대선에서 승리한 노무현을 김대중은 내심 부러워하지 않았을까 싶다. 집권 이후 '과거를 잊고 잘 지내자. 도와달라'는 DJ의 유화적 태도에도, 보수 메이저 신문들은 비판과 공세의 수위를 높여 갔다. 대표적인 것이 2000년 9월 9일 자 《동아일보》 1면 톱으로 실린 '대구·부산엔 추석이 없다'는 기사였다. "추석 분위기가 썰렁하다"로 시작하는 기사는 "지역 경제를 지탱해 온 우방이 부도의 직격탄을 맞으면서 대구 지역은 암울한 분위기에 휩싸여 있다. … 한국 제2의 도시 부산도 예외가 아니다'라는 내용을 담고 있다. 그때는 외환 위기로 온 나라가 어려운 시절이었다. 굳이 대구·부산을 끄집어낸 건 지역감정을 부추기려는 의도라고 청와대와 민주당은 분노했다. "이 기사에서 특히 눈에 띈 것은 전국 도별 부도율 표다. 부산과 대구 경제가 엉망이라는 기사에 사용된 표에는 광주 지역 부도율이 가장 높게 나타났다. 《동아일보》는 배달판에서 이 표를 삭제하고 우방의 부도 여파를 중심으로 기사를 수정했다"고 《미디어오늘》은 보도했다.

당시 청와대 정책기획수석이던 김성재 씨는 "그 무렵 김대중 정부는 '밀라노 프로젝트'라고, 대구의 섬유 산업을 살리기 위해 굉장히 많은 예산을 투입하고 민간 투자를 독려하고 있었다. 그런데 이런 기사가 나니까 오히려 대구에서 반발했다. 문희갑 대구시장이 직접 청와대를 찾아와 '이 기사 때문에 민간 투자 유치가 더 어려워졌다'고 푸념했다"고 말했다. 보수 언론의 의도적인 비판 기사가 김 대통령의 2001년 신년 기자 회견에 영향을 끼쳤으리라고 청와대와 민주당에서 일했던 핵심 관계자들은 말했다. 그러나 이것이 언론사 세무 조사를 결심한 가장 큰 이유는 아니다.

김대중 대통령은 끝까지 언론사 세무 조사를 고심했던 것으로 보인다. 나중에 자서전에 "언론사를 조사하겠다는 보고를 받고 고민을 거듭했다. 하지만 언론이 성역일 순 없었다. 일반 기업과의 형평성,

조세 정의 차원에서 불가피한 선택이었다. 후회하는 대통령으로 살고 싶지 않았다. 원칙대로 처리하라고 지시했다"고 썼다. 세무 조사 이듬해에 박선숙 당시 청와대 공보수석은 '꼭 언론사 세무 조사를 해야만 했느냐'고 김 대통령에게 물어본 적이 있다고 밝혔다. 그때 김 대통령은 "법에 정해진 걸 안 하고 그냥 넘어갈 수는 없었다"고 대답했다고 한다.

세무 조사는 세무 조사일 뿐 인위적인 언론 개혁은 아니라고 김 대통령은 되뇌었을 것이다. 언론의 숱한 핍박을 받았고, 그래서 언론의 도움을 더 갈구했던 DJ는 이런 논리로 스스로를 방어하며 시민사회 단체가 주장한 법적·제도적 언론 개혁과는 선을 그었다. 그렇다고 해서 보수 언론이 DJ의 절제력을 평가해 줄 리는 없었다.

시민사회에서 주창한 언론 개혁은 크게 두 범주로 나뉘었다. 하나는 신문사 소유 지분 제한을 통한 족벌의 언론 장악 금지, 다양한 언론 지원을 위한 정기간행물법 개정, 징벌적 손해배상제 도입 등 법적·제도적 개혁이었다. 또 하나는 언론의 특권 폐지로, 언론사에 대해서만 면제해 준 정기 세무 조사 실시가 대표적이었다.

권언 유착을 뿌리 뽑고 언론의 횡포를 제어하기 위해서는 두 방향의 언론 개혁을 동시에 추진해야 한다고 언론 단체들은 주장했다. 특히 김대중 정부 3년 차를 지나면서 언론사의 탈세와 비리 적발을 위한 세무 조사를 하라는 목소리가 시민사회에서 거세졌다. 과거 정부와 마찬가지로 김대중 정부도 5년마다 하게 되어 있는 정기 세무 조사를 하지 않고 그냥 넘겨 버릴 거라는 우려가 커졌기 때문이다. 2000년 12월 초 신광옥 청와대 민정수석은 일부 출입 기자들에게 "언론 개혁을 해야 한다는 시민단체 요구가 빗발치고 있다. 몇몇 언론 단체는 언론사 세무 조사를 촉구하는 시위를 하고 있다"고 말했다고 《동아일보》는 보도했다.

언론사 세무 조사의 후폭풍

김대중 대통령은 두 번째 길을 택했다. 세무 조사를 통해 언론사의 탈세와 비리를 적발했다. 하지만 입법을 통한 제도적 언론 개혁과는 선을 그었다. 아시아의 민주주의 지도자로 불리며 노벨 평화상까지 받은 DJ는 서구 언론과 지식인들로부터 '비판 언론을 탄압한다'는 말을 듣지 않으려 애를 썼다. 2001년 신년 기자 회견에서 '언론 개혁'을 촉구할 때 김 대통령은 이미 입법을 통한 변화보다 언론사 세무 조사를 염두에 두고 있었다. 언론사 세무 조사는 법에 따른 것이고, 부당한 특권을 제거한다는 명분이 있다고 DJ는 생각했다.

김 대통령이 직접 언론 개혁을 언급하고 뒤이어 국세청이 세무 조사에 들어가자, 여권 내부에서는 'DJ가 드디어 언론 개혁의 칼을 빼들었다'며 이참에 언론 개혁 입법을 추진하자는 견해가 분출했다. 그러나 김 대통령은 이런 흐름을 거부했다. 새천년민주당 대표 비서실장을 지낸 김성호 전 국회의원의 이야기는 시사적이다.

2001년 초 국세청의 언론사 세무 조사가 시작된 직후로 김성호 전 의원은 기억했다. 김 전 의원은 청와대에서 열린 주례 당무보고에 참석했다. 회의가 시작되자 어느 고위 당직자가 김 대통령에게 보고서를 건네고 언론 개혁 방안에 관한 설명을 시작했다. 그런데 보고서를 읽은 김 대통령 얼굴이 갑자기 굳어졌다. 설명을 중단시키고 자료를 전부 회수하라고 지시했다. 보고서의 제목은 '신문사 소유 지분 제한 도입 방안'이었다. '지상파 방송사의 특정인 소유 지분을 제한하듯이 신문사도 40%까지 소유 지분을 제한해야 한다'는 내용을 담고 있었다고 김성호 전 의원은 밝혔다. 그날 김 대통령은 자료 회수를 지시하면서 이렇게 말했다고 한다. "방송사는 전파의 희소성 때문에 전 세계적으로 소유 지분을 제한하거나 허가제를 택하지만, 신문사의 소유 지분을 제한하거나 허가제로 하는 선진국은 없다. 우리나라가 신문사 소유 지분을 제한하면 미국과 유럽에서 어떻게 보겠느냐. 시민단체에선 그런 주장을 펼 수 있지만 집권 여당은 정책 추진에 신중해야 한다." 김 대통령이 2002년 12월 노무현 당선자에게 건넨 국정 메모에서 '(언론사 세무 조사는) 탈세만 취급. 관료의 언론 개혁 입법 요청은 거절'이라고 적은 것은 바로 이 회의를 가리킨 것이었다. 김성호 전 의원은 "외국 사례와 시선까지 고려하는 대통령을 보면서, DJ가 철저히 서구 민주주의적 시각에서 (언론사 세무 조사) 결정을 내렸구나, 그런 생각을 했다"고 말했다.

제도 개혁과 선을 그은 건 두고두고 진보 언론 단체의 비판을 받는 지점이 됐다. 김대중 정부 시기 전국언론노조 위원장을 지낸 최문순 씨(나중에 MBC 사장과 강원도지사를 지냈다)는 2003년《프레시안》에 기고한 글에서 김대중 정부의 언론 개혁을 '실패'라고 비판했다. 언론 개혁의 준비가 부족했고, 세무 조사 결과 처리에 형평성을 결여해 국민 지지를 받는 데 한계가 있었으며, 정부의 부도덕성으로 언론 노조나 시민단체가 정부 주도 프로그램에 들러리를 선 꼴이 됐다고 주장했다.(양승목 서울대 명예교수가 2003년에 쓴 〈한국의 민주화와 언론 개혁〉에서 재인용)

언론사 세무 조사를 언론 개혁의 신호탄으로 보고 더 적극적인 제도 개혁으로 나가리라 생각한 것은 시민사회 진영의 바람이었을 뿐이다. '보수 언론과 원만한 관계 형성'이라는 집권 초기 목표는 실패했지만 그렇다고 언론과 전쟁을 벌이는 것은 김대중 대통령의 스타일이 아니었다. DJ는 언제나 감정을 앞세우기보다, 현실적이고 실용적으로 현안에 접근했다.

앞에서 살펴본, 2002년 12월 대선 직후 노무현 대통령 당선자에게 전한 국정 노트 메모 내용은 그 점에서 DJ의 속내를 솔직하게 담고 있다. 이 메모는 대외적으로 공개될 것을 염두에 두고 쓴 것이 아니다. 20년이 지나《한겨레》의 취재를 통해 공개되기는 했지만, 현직 대통령과 차기 대통령 두 사람만이 아는 비공개 대화였다. 메모에서 DJ는 자신의 행동이 '언론 개혁'을 위한 것이었다고 치장하지 않는다.

'언론사 세무 사찰'이라고만 표현했다. '거대 보수 언론을 한번 손보자'는 심정이 없었다고 보기는 어렵지만, 정기 세무 조사를 유독 언론사에만 면제하는 특권을 그대로 존속하는 게 훗날 어떻게 평가받을지에 대해 훨씬 더 신경 썼기 때문일 것이다.

하지만 주류 언론에 대한 즉각적이고 직접적인 타격은 오히려 언론사 세무 조사가 훨씬 셌다. 감시의 무풍지대였던 언론사에서는, 특히 개인 또는 가족이 소유하고 경영해 온 거대 신문사에서는 회계 처리 실수뿐 아니라 탈세와 개인 비리 등 수많은 문제가 적나라하게 드

2001년 6월 27일 국세청이 《조선일보》 《동아일보》 《국민일보》 3개 언론사 사주를 탈세 혐의로 검찰에 고발하겠다는 기자 회견을 하고 있다. 국세청의 고발은 그해 8월, 3개 언론사 사주가 구속되는 초유의 사태로 이어졌다. ⓒ《한겨레》 이정용 기자

러났다. 언론사 세무 조사는 결국《조선일보》《동아일보》《국민일보》 3개 신문사의 사주 구속으로까지 이어졌다. 김대중 정부에서 언론 정책 핵심에 있었던 박지원 의원은 '세무 조사가 시작되면 언론사 사주의 구속까지 가리라고 김 대통령이 예상했느냐'는 질문에 "나는 세무 조사가 3개 언론사 사주의 구속까지 갈 줄은 몰랐다. 세금 추징만 좀 많이 당하지 않을까 생각했다. 아마 김 대통령도 거기까진 예상을 못 하지 않았을까 싶다"고 대답했다.

언론과 흥정하고 거래할 순 없다

법적·제도적 개혁 대신에 언론사 세무 조사를 택하면서, DJ가 정말 그 결과를 내다보지 못했을까 하는 생각은 든다. 다만, 세무 조사 이후의 정치·사회적 논란과 파장이 그 정도로 거셀지는 정확히 예측하지 못했을 수 있다. 언론 지형은 진보와 보수로 뚜렷하게 양분됐고, 민주당 정권을 향한 보수 언론의 적대감과 사활을 건 공세가 이때부터 본격화했다. 해방 이후 처음으로 선거에서 패해 권력을 잃은 보수 진영은 그 파장이 정치·경제·사회·문화 전반에서 얼마나 엄청난지를 실감했다. 이런 상황에서 언론사 세무 조사는 단순히 정부와 언론사 사이 문제로 끝날 수 없었다. 한국 사회의 보수와 진보가 대격돌하는 최전선에 언론이 위치했음을 의미했다. DJ가 여기까지 예상하고 언론사 세무 조사를 실시했는지는 불확실하다.

DJ는 나중에 자서전에서 "(세무 조사와 사주 구속 이후) 해당 언론사들이 나와 정부를 거칠게 몰아붙였지만 후회하지 않는다. 대통령으로서 회피할 수 없었고, 할 수밖에 없는 일을 했다고 생각한다. … 사실 나는 일생 동안 '우정 있는 비판'에 목이 말랐다. 그렇다고 언론과 흥정하고 거래할 순 없었다. 언론과 타협하려 했다면 임기 말에 결코 모험을 하지 않았을 것이다. 언젠가 우리 언론이 바로 섰을 때 나의 이러한 고민과 결단을 다시 헤아려 줄 것으로 생각한다"고 적었다.

김 대통령이 2002년 12월 23일 노무현 당선자에게 국정 인수인계를 할 때 언론사 세무 조사를 언급한 이유도 여기 있을 터이다. 세무 조사 와중인 2001년 6월 노무현 당시 해양수산부 장관은 전국언론노조 초청 강연에서 이렇게 말했다. "국가의 조세권은 정당하게 행사되는 것이고, 언론은 자신의 약점 때문에 조심스러웠던 보도의 자유를 행사하게 될 것입니다. 각기 정도正道로 가는 것입니다. 과거 권력과 언론이 결탁·유착했던 비정상적 상태가 정상적 상태로 돌아가는 것입니다. 이것을 놓고 언론 장악이니 떠드는 것은 의도적인 모함이라고 생각합니다." 김 대통령이 국내 현안으로는 유일하게 언론사 세무 조사에 관한 메모를 노 당선자에게 넘긴 배경을 이 발언에서 짐작할 수 있다.

3장

국민과 나라를
대표하는 이의
사명감과 품격

노무현 당선자와의 만남과
바람직한 인수인계

2002년 12월 23일 오전 11시 55분, 나흘 전 대통령 선거에서 극적으로 승리한 노무현 당선자가 청와대를 찾았다. 현직인 김대중 대통령과 국정 인수인계를 위한 협의를 위해서였다. 김 대통령은 본관 현관 앞까지 직접 내려와서 노 당선자를 맞았다. "5년 전 김영삼 대통령이 대통령 당선자인 나를 맞던 바로 그 자리였다. 노무현 당선자는 떠오르는 태양이고 나는 지는 해였다"고 김 대통령은 자서전에 썼다.

두 사람은 오찬 장소인 2층 백악실에서 잠시 환담을 나눴다. 박선숙 청와대 대변인과 노 당선자 쪽의 이낙연 대변인(문재인 정부에서 국무총리를 지냈다)이 배석했다. 그때 대변인이던 이낙연 전 국무총리는 "김 대통령께서 정상 회담 얘기를 죽 하셨던 거로 기억한다. 북한 김정일, 미국의 조지 부시, 중국 장쩌민, 일본은 고이즈미 총리였던 거 같은데, 당신이 만났던 주요 정상들의 인간적인 특징이나 성격 이런 걸 말씀하셨다. 오직 대통령만이 알 수 있는 귀중한 얘기였다"고 말했다.

김 대통령과 노 당선자는 배석자를 물리고 1시간 30분 동안 단둘이서 오찬 회동을 했다. 회동이 끝난 뒤 박선숙 청와대 대변인이 출입 기자들에게 한 브리핑은 간략했다. "두 분은 1시간 반 동안 오찬을 하면서 말씀을 나눴다. 노 당선자는 대통령에게 많이 도와달라고 말씀하셨고 대통령은 힘닿는 데까지 돕겠다, 성공한 대통령이 되길 바란다고 말씀하셨다. 두 분은 북한 핵 문제를 중심으로 국제 관계에 관해 주로 말씀하셨다. 미·일·중·러·유럽연합EU 등과의 관계에 대해 많은 의견을 교환하셨다."

현직 대통령과 당선자의 바람직한 만남

대통령 당선자와 현직 대통령의 첫 만남이라 언론의 관심은 높았다. 그날 언론들은 모두 청와대 대변인 발표를 바탕으로 '김 대통령과 노 당선자가 정권 인수인계에 관해 폭넓게 협의했다'고 보도했다. 그러나 박선숙 대변인과 이낙연 대변인 모두 정확히 알지 못한 두 사람만의 깊은 대화가 있었다. 김 대통령은 그날 오찬을 위해 깨알 같은 한자로 국정 노트에 노 당선자에게 전할 말을 썼다. 북한을 비롯해 한반도 주변 강국의 입장을 상세하게 정리한 것이었다.

현직 대통령과 당선자의 만남은 서로 축하와 덕담을 나누고 권력 인수인계에 관한 협력을 다짐하는 게 일반적이다. 그런데 이 메모를 보면, 김 대통령은 노 대통령과의 만남을 단순한 의례적 행사로 생각하지 않았다. 현안인 북한 핵 문제를 둘러싼 주변국들의 입장을 최대한 자세하게 후임 대통령에게 설명하는 자리로 생각했다. 미국을 비롯한 주요 국가 정상과 회담을 했던 경험이 녹아 있었다. 말 그대로 현직과 차기 대통령 간에 바람직한 인수인계의 전범이라 할 수 있다.

김대중 대통령의 부속실장을 지낸 김한정 씨(더불어민주당 국회의원을 지냈다)는 "김 대통령은 당선자와의 회동을 의례적 행사로 여기지 않았다. 회동 전에 청와대 수석비서관실과 통일부·외교부 등 관련 부처 보고를 다 받고서 그걸 토대로 자기 생각을 직접 노트에 정리했다. DJ는 현직 대통령이 가진 국정 경험을 최대한 후임자에게 전달하려고 했다"고 말했다.

국정 노트를 보면, 김 대통령은 국내 현안에 대해서는 '노무현 당선자가 잘 아실 것이니 필요하면 언제든지 장차관이나 수석비서관에게 설명을 요청하시라'고 간략하게만 언급하고 있다. 그 대신 북한과 미국, 중국, 일본, 러시아, 유럽연합까지 한반도에 영향을 끼치는 강대국들의 인식을 '대통령 김대중'의 시각으로 자세히 정리했다.

26>

盧武鉉 當選者에게 부탁 '02. 12. 23

1. 祝賀 당신의 勝利 세기의 人事, 國民的 勝利

2. 候補 個人의 큰 成功. 國民들이 �에게 힘 集結

3. 南北和解. 政治 交代, 正義 實現 위한 國民的 熱望의 힘

4. 당신이 全적 介入하는 信號 選擧

1. (외교외교) 政策은 最善아니라 現實에서 이루어지도록 協力

2. (國政 마무리) 잘되도록 協力 바람

主要 國政 課業

1. (12 改革調)

① 16式記念会 見. 세의 好世, 好美 그리고 生活區系 기초에 뜻을 12民 努力 發言 一切 際 社会. 뜻의 賓客들. 等의 12民의 省들 評価 한 듯

② (北核文場)

ⓐ 이락 전前 美의 圧은 어제 年末까지 끌려 함
ⓑ 對美 關係 政事 忍設, 배려를 요緩解
ⓒ 그만 전쟁가 부시의 美北 정책
ⓓ 前 位置에 多角化. 孤立化
ⓔ 세가지 option - 政事, 保位置는 최선고 解決
ⓕ 金 총명. 約束 안지키는 CEN 있기 (要注意)

제16대 대선에서 대통령으로 당선된 노무현과의 회담을 앞두고 인수인계를 위해 작성한 김대중 대통령의 국정 노트. 현직 대통령의 국정 경험을 최대한 후임자에게 전달하려는 세심함과 철저함이 돋보인다. 김대중평화센터 제공

③ 美国의 立場)
Ⓐ 이락 戰争을 내놓고 本格的으로 다룰나는 計劃?
Ⓑ 부시가 媒乗하는 5人 (카스트로, 차베스, 아라파트,
   후세인, 金正日) — 12名으로 아사하는데 安保만 擴充
Ⓒ 安保理로 갈 可能性 (國民上民 封印 除去하다)
Ⓓ 北과의 對話意志 不足
Ⓔ 韓미 大統이 부시게 명확히 줄것
Ⓕ 부시의 兩面性 强調 — 恶에다 美 에다
Ⓖ 訪美時 北核관련 事前合意사항 (시간⋅주도권⋅方向 장악)
Ⓗ 最後보루 — 明年 시2月의 이락戰 보고할것
Ⓘ 対北外交의 분別 — 一般과의 交接과 同을 구분 에서도 틀어둘것
Ⓙ SOFA — 改善 중, 地位協 은히 協議하여 改善 추진
④ 中의 立場
① 採択통과 切望, 非核化 主張 약실은 株⋅미의 安保약속
② 江青 권등 中의 指導層등 은 金의 改革 不好
③ 金도 中의게 好感 없는 것 듯
④ 韓미과의 安培利益 — 北보다 월등크다, 우리가 第1 貿易거래
⑤ 中미관계 枢機 — 協상이라 生擇
⑥ 中의 対美 姿勢 — 衝突 없 台湾 야기

⑤ 러시아의 立場

Ⓐ 우리가 指導重視, 6者会 謹体바레
Ⓑ TSR과 TKR의 連係에 熱誠
Ⓒ 北과의 友好關係 그러나 實際支援能力 不足
Ⓓ 中러가 協力 — 韓半島平和에 非核化 主張
Ⓔ 美에 對한 北仏中 하는 主張
Ⓕ 韓에 대해서는 重要視 (鐵道·任協·武器등)

⑧ 日本의 主張
Ⓐ 日本国民의 對韓 感情 好轉
Ⓑ 北에 기 警戒 (미사일 射程 圏内), 嫌惡 (拉致·간첩)
Ⓒ 小泉首相 — 北과의 国交改善希望 (12点日美6大支持)
Ⓓ 美에 대해서는 好意率直的 解法 謹金 (韓国芸阳引)
Ⓔ 投資協力. 観光来등 口를하고써

⑨ EU의 主張
Ⓐ 韓半島平和에 関심之나
Ⓑ KEDO참가. 好意支援개속
Ⓒ 스스로의 經濟發展에 분망
Ⓓ 北과 EU沒関에 熱誠

　　　內 政 문제
⑴ 靑포원가 짝맞밭 7계선건
⑵ 長汰官, 有暇등 인제도지 沒先 드림건

〈노무현 당선자와의 오찬〉 02.12.23
1. 축하. 노고와 승리에의 인사. 국민적 승리.
2. 후보 개인의 큰 성공. 국민 특히 젊은이의 힘 집결
3. 남북 화해, 세대 교대, 정의 실현 위한 국민적 열망의 힘
4. 관권과 금권 개입 없는 공정 선거

1. (인수인계) 정부는 최선 다해 원만하게 이루어지도록 협력
2. (국정 마무리) 잘되도록 협력 바람

〈주요 국정 현안〉
1. (국정 기조)
① 공식 기자 회견에서 대북, 대미 그리고 경제 정책 기조에 큰 변화 없
    다고 발언. 국제 사회, 투자가들, 다수 국민의 긍정 평가한 듯.

② (북한 입장)
ⓐ 이라크전 전에 미국에 압력 가해 해결하고자 함
ⓑ 대미 관계 개선 열망, 벼랑 끝 전술
ⓒ 클린턴과 부시의 차이가 장벽
ⓓ 전례 없이 약체화, 고립화
ⓔ 세 가지 옵션-전쟁, 경제 압박, 대화로 해결
ⓕ 김정일 총명. 약속 안 지키는 때 없어(요주의)

③ 미국의 입장
ⓐ 이라크전 끝내 놓고 본격적으로 다룬다는 계획?
ⓑ 부시가 혐오하는 5인(카스트로, 차베스, 아라파트, 후세인, 김정일-

국민은 아사하는데 군비만 확충)

ⓒ 안보리 갈 가능성(폐연료봉 봉인 제거 시)

ⓓ 북과의 대화 의지 부족

ⓔ 한국 대선이 부시에 영향 줄 것

ⓕ 부시의 양분적 사고-선이냐 악이냐

ⓖ 방미 전 충분한 사전 합의 필요(나의 작년 5월 방문 경험)

ⓗ 최후 점검-명년 1~2월의 이라크전 보고할 것

ⓘ 대미 외교의 초점-북과의 직접 대화에 나서도록 할 것

ⓙ SOFA-개선 후, 타국 사례 충분 검토해서 개정 논의

④ 중국 입장

① 한반도 평화 희망, 비핵화 입장 확실(한일의 핵 보유 우려)

② 강(장쩌민) 주석 등 중국 지도자들 김정일의 정책 불호

③ 김정일도 중국에 호의 많지 않은 듯

④ 한국과의 국가 이익-북한보다 훨씬 크다, 우리의 제1 수출국

⑤ 중국과의 경협-기회이자 위기

⑥ 중국의 대미 자세-경제 대만 일본

⑤ 러시아의 입장

ⓐ 푸틴의 극동 중시, 6자 회의체 바라

ⓑ TSR과 TKR의 연결에 열성

ⓒ 북과의 우호 관계 그러나 실제 지원 노력 부족

ⓓ 중국과 협력-한반도 평화와 비핵화 주장

ⓔ 미국에 대해 북한 대변하는 입장

ⓕ 한국에 대해서도 중요시(철도, 경협, 무기 등)

⑥ 일본의 입장
ⓐ 일본 국민의 대한국 감정 호전
ⓑ 북한에 경계(미사일 사정권 내), 혐오(납치, 간첩)
ⓒ 소천(고이즈미) 수상-북과의 관계 개선 소망(국민 여론 60% 지지)
ⓓ 미국에 대해서는 대북 평화적 해결 설득(대미 공조틀)
ⓔ 투자 협정, 관광객 등 국익도 크다

⑦ EU의 입장
ⓐ 한반도 평화에 관심 크다
ⓑ KEDO 통해 대북 지원 계속
ⓒ 스스로의 역할 한계성 인정
ⓓ 북은 EU 활용에 열성

〈내정 문제〉
① 당선자가 잘 알고 계실 것
② 장차관, 수석 등 언제든지 설명드릴 것

대통령으로서의 시각을 전하다

김 대통령은 북한에 대해서는 '대미 관계 개선을 열망하지만 벼랑 끝 전술을 펴고 있으며 전례 없이 고립화하고 있다'고 봤다. 북한 지도자인 김정일 국방위원장에 대해서는 '총명하고 약속을 안 지키지 않는다'고 평가했지만 '요주의'라는 단서를 달았다. 이 부분을 민감하게 다뤄야 한다는 뜻으로 해석된다.

대북 햇볕 정책을 강력히 지지했던 빌 클린턴 전임 행정부와 달리, 조지 부시 미국 대통령은 북한 정권과 김정일을 매우 탐탁지 않게 여겼다. DJ는 국정 노트에 '부시가 혐오하는 5인. 카스트로, 차베스, 아라파트, 후세인, 김정일'이라 적고, 김정일 위원장에는 '국민은 아사하는데 군비만 확충'이라고 이유를 적었다. 이렇게 국제 관계를 선악 이분법으로 보는 부시의 인식이 북미 관계를 푸는 데 걸림돌이 되고 있다고 김 대통령은 봤다.

미국에 관해서 눈길을 끄는 부분은 김 대통령 자신의 한미 정상 회담 실패 경험을 솔직하게 언급하며 노 당선자에게 '방미하기 전에 충분한 사전 합의를 하라'고 조언한 점이다. 김대중 대통령은 조지 부시 대통령이 취임한 직후인 2001년 3월 서둘러 워싱턴을 방문해 한미 정상 회담을 했다. 네오콘(신보수주의) 시각을 가진 부시를 하루라도 빨리 설득해서 북미 대화를 끌어내기 위함이었다. 그러나 이 만남은 역대 한미 정상 회담 중 대표적인 실패 사례의 하나로 꼽힌다.

김 대통령은 텍사스 카우보이 같은 부시의 스타일을 미처 파악하지 못했다. 부시는 김 대통령의 발언이 끝나기도 전에 끊고 들어와 큰 소리로 자기가 하고 싶은 말을 했다. 정상 회담 뒤 열린 기자 회견에서는 김 대통령을 '디스 맨This man'이라 지칭하고 "북한 지도자에 약간의 회의감some skepticism을 갖고 있다"고 말해 김정일에 대한 부정적 인식을 드러냈다. DJ는 그때는 꾹 참았지만 부시의 정상 회담 태도와 발언이 "불쾌했다"고 나중에 회고했다. 노 당선자에게 '나의 작년 (2001년) 5월 방문 경험'을 반면교사로 삼으라고 조언한 이유다.(메모에는 '5월'로 적혀 있는데 '3월'을 잘못 쓴 것으로 보인다.)

중국에 대해서는, 중국 지도자들이 김정일 위원장의 정책을 좋게 생각하지 않고 북한도 중국에 호의가 많지 않은 것 같다고 설명했다. 경제 측면에서 중국의 국가 이익은 북한보다 한국이 훨씬 크며, 대중 경제 교류는 우리에게 기회이자 위기라고 밝혔다. 중국이 미국과의 관계에서 중시하는 것은 경제-대만-일본 문제 순이라는 김 대통령 분석이 눈길을 끈다.

유럽연합 입장까지 노무현 당선자에게 설명한 점도 흥미롭다. 그 이유를 '유럽은 한반도 평화에 관심이 많고, 북한은 유럽연합을 활용하는 데 열성이기 때문'이라고 노트에서 밝혔다. 김 대통령은 훗날 자서전에서 노무현 당선자와의 이날 만남을 이렇게 표현했다. "노 당선자에게 북핵 문제 등 현안에 대해서 성심껏 설명했다. 당선자는 햇볕 정책을 지속하겠다고 다짐했다."

2002년 2월 25일 노무현 대통령 취임식이 끝난 뒤 노 대통령이 김대중 전임 대통령을 배웅하러 함께 연단을 내려오고 있다. 노 대통령은 "그는 해박한 지식을 요령 있게 활용하는 지혜까지 가진 특별한 지도자였다"고 평가했다. 노무현재단 제공

노 당선자는 이 회동을 특별히 언급하진 않았지만 김 대통령에 대해서는 이렇게 평가했다. "김 대통령은 세계에 자랑할 만한 지도자였다. … 무엇보다 독서를 많이 하는 지도자였다. 청와대에 계실 때 큰 방 하나가 통째로 서고였다. 그냥 민주 투사가 아니고 사상가였다. 해박한 지식을 가지고 있었고 끊임없이 지식을 받아들였다. 그리고 그 지식을 전략적으로 요령 있게 활용하는 지혜까지 지닌 특별한 지도자였다."

노무현이 아니었어도 DJ라면…

만약 후임 대통령이 노무현 아닌 다른 사람이었어도 그날 DJ는 상세하게 국정을 인수인계했을까? 김한정 전 의원은 "아마 그랬을 것"이라고 말했다. 김 의원은 "김 대통령은 항상 한반도 정세의 엄중함을 염두에 두고 국정을 운영했기에, 누가 당선됐더라도 자신의 정상 회담 경험 등을 상세하게 넘겨주려 하셨을 것이다. 그래야 후임자가 상황을 잘 헤쳐 나갈 수 있을 테니까. 이걸 어떻게 받아들일지는 물론 후임 대통령의 몫이다"라고 말했다.

대통령은 국가 운영의 최고사령관으로서 힘든 결단의 시간을 보냈다는 공감대를 정파를 초월해 공유할 수 있는 자리다. 과거에 현직 대통령이 주요 외교·안보 현안이 있을 때면 청와대로 전임자들을 초청해 의견을 구했던 건 이런 정서가 밑에 깔려 있었기에 가능했던 일이다. 국제 외교에서 정상 회담의 비중은 예전에 비해 훨씬 커졌다. 아무리 정치적 양극화가 심해졌다고 해도 대통령으로서 공감대를 잘 활용하면 주요 국가 정상을 상대하는 데 도움을 받을 수 있다.

현직 대통령의 지지율은 결국 지금 추진하는 정책의 성과에 달려 있다. 전임 정부를 비난하고 검찰 수사를 벌이는 게 일부 강경 지지층의 복수심을 충족시킬 수 있을지는 모르나 정권의 성공에는 도움을 주지 못한다. 김대중 대통령이 '성공한 대통령'으로 꼽히는 건 바로 이걸 잘 알고 전임 대통령과 후임 대통령에게 그대로 실천했기 때문이다.

대통령으로서의 책임감으로
신장 투석을 미루다

2024년 미국 대선을 앞두고 돌연 후보직을 사퇴한 조 바이든 대통령의 나이는 81세다. 고령이라는 비판에도 꿋꿋이 버티며 민주당 경선에서 승리했지만, 도널드 트럼프 공화당 후보와의 텔레비전 토론의 벽을 넘지 못했다. 말을 제대로 이어 가지 못하는 장면을 여러 번 노출해 인지 능력과 판단력에 우려를 불러일으켰고 결국 후보직을 자진 사퇴했다. 바이든의 노쇠함을 공격했던 트럼프도 78세다. 2025년 1월 백악관에 다시 입성한 트럼프는 미국 역사상 최고령 대통령인 셈이다.

이들에 비하면 김대중 대통령은 오히려 젊은 축에 속한다. 1998년 2월 25일 대통령에 취임할 때 김대중의 나이는 74세(1924년 1월 6일생)이었다. 한국 대통령으로는 역대 최고령이었다(1948년 초대 대통령에 취임할 때 이승만의 나이는 73세). 그래서 대선 기간뿐 아니라 재임 5년 내내 건강에 관한 집요한 공세에 시달렸다. 대선 때는 한나라당 인사들이 '치매에 걸렸다' '오줌을 싸서 기저귀를 차고 유세한다' '김대중이 대통령 되면 국장國葬을 치러야 한다'는 공격을 공개적으로 했다. 재임 시절에는 '대장암 말기다' '걷지 못할 정도로 건강이 좋지 않다'는 소문이 끊임없이 DJ를 괴롭혔다. 청와대는 김 대통령이 두 차례 국군서울지구병원에 입원한 사실을 감추지 않고 언론에 공개했지만, 정치적 의도가 뒤섞인 의심은 끊이지 않았다. 정말 김 대통령의 건강 상태는 어떠했던 걸까?

대통령은 감기에 걸릴 자유도 없다

대통령 주치의는 조선 시대로 치면 '어의御醫'다. 김 대통령 주치의를 지낸 장석일 성애병원 원장은 "전체적으로 김 대통령은 건강했다. 임기 말에 신장 기능이 떨어져 투석이 필요한 상황이 됐지만 그것도 이미 예상했던 일이었다. 대통령 본인이 업무에 지장을 줄까 봐 투석을 퇴임 후로 미뤘다. 임기 마지막에 얼굴이 좀 푸석푸석하게 비쳤던 건 이 때문이다. 김 대통령은 타고난 건강 체질이었다. 다리가 불편해서 운동을 못 하시니 관리에 어려움은 있었지만, 굉장히 몸이 튼튼하고 정신은 더 맑으셨다. 2009년 8월에 85세 나이로 돌아가실 때까지 인지 기능이 전혀 떨어지지 않았다. 치매 초기 증상도 나타나지 않았다. 마지막까지 정말 총명하시고 기억력도 또렷했다"고 말했다.

장 원장은 김 대통령이 야당 총재 시절부터 그의 건강을 담당했다. 1990년 10월 김대중 평민당 총재가 지방자치제 도입을 내걸고 단식 농성을 벌일 때 장 원장은 서울 여의도 당사로 왕진을 가서 처음 그를 만났다. DJ는 꼼꼼하고 논리적인 성격처럼 단식도 그렇게 했다고 한다.

"내가 가서 문진하니까 처음 하시는 말씀이 '주사를 맞지 않겠다. 확실하게 단식할 테니 크리티컬한(치명적인) 상황이 생기는지 그것만 체크해 달라'는 것이었다. 그래서 매일 혈압과 피검사를 하면서 위험한 상황이 오면 곧바로 병원으로 후송하는 게 내 역할이었다. 그때 단식에 관한 책을 읽고 계시더라. 아, 이분은 단식도 계획적으로 하시는구나 그런 생각을 했다."

1971년 의문의 교통사고로 다리를 다쳐 운동하지 못했기에 DJ는 건강에 몹시 신경을 썼다. 비교적 음식을 가리지 않고 잘 먹었지만, 청와대에 들어간 뒤로는 혹시라도 배탈이 날까 봐 스스로 조심했다. 김 대통령이 삭힌 홍어찜을 좋아한다는 건 널리 알려진 이야기다. 하지만 청와대에서는 자주 먹지 않았다고 한다. 장 원장의 이야기다. "홍어를 삭힌 게 몸에 괜찮은 거냐고 여러 번 저한테 물어보셨다. 그래서 내가 발효와 부패에 관해 설명해 드렸다. 발효는 건강한 곰팡이

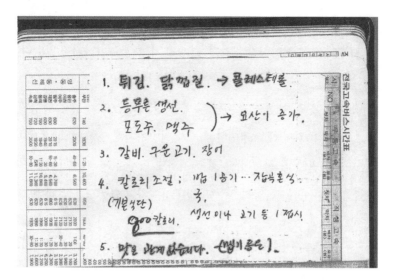

1997년 대선을 앞두고 김대중 대통령의 수첩에 담긴 권장 식단 내용. 주치의인 장석일 성애병원 원장이 써 준 것이다. 장 원장은 "당시 콜레스테롤과 요산 수치가 조금 높아서 아마 건강 검진 후에 식단을 써 준 것 같다"고 말했다. 연세대 김대중도서관 제공

에 의해서 몸에 이롭게 변하는 거고, 부패는 말 그대로 썩는 거니까 몸에 해롭다, 홍어는 발효되는 것이니까 괜찮다고 설명했다. 그래도 다음에 또 물어보시더라. 미심쩍으셨던 거다. 재임 기간엔 회도 잘 안 드셨다. 아무리 관리를 해도 날음식은 탈이 날 수 있으니까 피했던 거다. 자기 관리가 철저한 분이었다. 대통령은 감기에 걸릴 자유도 없다고 항상 말씀하셨다."

김 대통령이 생전에 마지막으로 먹고 싶었던 음식이 회였다고 한다. DJ는 2009년 8월 폐렴으로 연세대 신촌 세브란스병원에 입원한

뒤 다시 일어서지 못하고 우리 곁을 떠났다. 처음 입원해서 인공호흡기를 달았다가 일주일쯤 뒤 잠깐 회복된 시기가 있었다. "그때 김 대통령이 하신 말씀이 '회가 먹고 싶다. 배가 고프다'는 것이었다. 그런데 그걸 못 드시고 폐색전증으로 중환자실로 내려가서 다시는 식사를 하지 못했다"라고 장 원장은 회고했다.

김 대통령은 재임 중 두 차례 병원에 입원했다. 2002년 4월에는 대퇴부 염좌(허벅지 근육통)와 위장 장애로 입원했다. 관저에서 넘어지면서 허벅지에 이상이 온 게 직접 원인이었다. 그러나 스트레스와 피로 누적으로 식사를 제대로 못 하는 등 거의 탈진 상태였던 게 더 큰 이유였다. 고령의 김 대통령은 괜한 오해를 부를까 봐 입원하지 않으려 했지만 의무진이 좀 쉬어야 한다고 강하게 권했다.

그해 8월에는 기관지염으로 또 한번 입원했다. 폐렴까지 가지 않았기에 이틀 만에 퇴원했다. 청와대 참모들 사이에서는 첫 번째 입원할 때 이 사실을 언론에 공개할지를 놓고 격론이 일었다. 하지만 며칠씩 대통령 일정을 취소하는데 입원 사실을 숨기는 것은 쉽지 않은 일이었다. 김 대통령은 전윤철 당시 비서실장을 불러 입원 사실을 공개하라고 직접 지시했다.

김 대통령이 두 차례 입원할 때 이용한 병원은 청와대 인근의 삼청동 국군서울지구병원(지금은 국립현대미술관으로 바뀌었다)이다. 역대 대통령들은 보안과 경호 때문에 이 병원을 주로 이용했다. 1979년 10·26 사태 때 총에 맞은 박정희 대통령이 급히 옮겨져 운명한 곳도

이 병원이었다. 혜화동에 서울대병원이 있지만, 대통령 건강 기록이 해킹 등으로 외부에 빠져나갈 위험이 아무래도 군 병원보다 크다. 미국 대통령은 언제나 워싱턴 부근 베데스다의 월터리드 국립 군사의료센터를 이용한다.

국군서울지구병원에는 대통령 단 한 사람만을 위한 전용 병실이 있었다. 2002년 4월 이 병원에 처음 입원한 김 대통령은 '대통령 병실을 이렇게 관리하냐'고 역정을 냈다. 병실이 너무 좁고 시설이 낡아 대학병원 특실보다도 훨씬 못했기 때문이었다. 이전 대통령들은 건강 검진을 받기 위해 잠깐 병실을 이용한 적이 있지만, 엿새 동안 입원한 이는 김대중 대통령이 처음이었다. 그 뒤 국방부는 대통령 병실을 전면 리노베이션renovation 했다. 정치적 논란을 부를까 봐 리노베이션 사실은 비밀에 부쳐졌다.

DJ의 건강 유지 비결과 대통령 수칙

대통령의 건강 상태를 어디까지 국민에게 공개할 것인지는 매우 민감한 사안이다. 총리가 자주 바뀌는 내각제와 대통령제는 다르다. 대통령이 정상적 통치를 할 수 없는 건강 상태라는 사실이 알려지면 엄청난 국가적 혼란이 생길 수 있다. 바이든 대통령의 대선 후보직 사퇴에는 '알츠하이머 초기 아니냐'는 의구심이 영향을 끼쳤다. 1944년

프랭클린 루스벨트 대통령은 심각한 고혈압과 심장 이상을 숨기고 4선에 도전해 승리했지만 이듬해 뇌출혈로 재임 중 사망했다.

김 대통령은 두 차례 입원 사실과 병명을 그대로 언론에 공개했다. 하지만 국민에게 건강 상태를 정확하게 알리지 않은 부분도 있다. 퇴임을 2개월 앞둔 2002년 12월 의료진이 대통령에게 신장 투석을 권유했다는 사실은 퇴임 뒤 신장 투석을 시작한 다음에야 비로소 알려졌다.

1997년 DJ의 수첩 메모에서 보듯, 콜레스테롤과 요산이 높다는 사실은 의료진 외에는 누구도 알지 못했다. 콜레스테롤과 요산 수치야 국정 수행에 커다란 문제는 아니고 개인 프라이버시에 속하는 사항일 수 있다. 하지만 신장 투석이 필요한 상태라는 점은 국민에게 공개했어야 한다고 생각한다. '의료진은 신장 투석을 가급적 빨리 받는 게 좋다고 권고했고, 대통령은 업무에 지장을 주지 않기 위해 퇴임 뒤에 받기로 했다'고 알리는 게 바람직하지 않았을까 싶다. 국민은 대통령의 정확한 건강 상태를 알 권리가 있다.

물론 건강에 관한 근거 없는 음해와 공격에 끊임없이 시달렸기에, DJ는 신장 투석 사실을 공개하지 않았을 것이다. 2002년 8월 김 대통령이 기관지염으로 국군서울지구병원에 입원했을 때 일부 언론은 '폐렴으로 입원했다'고 썼다. 의학적으로 기관지염과 폐렴의 구분은 쉽지 않다. 그래도 '노인에게 폐렴은 치명적'이라는 일반인의 인식을 고려한다면 이런 식의 보도는 의도적이고 무책임하다. 김대중 대통

大統領守則

~~사(사랑과 寬容) 모든 사람에게~~ 사랑과 寬容으로 對하되 法과 秩序는 嚴守
케 하겠다.

守則

1. (사랑과 寬容, 그러나 法과 秩序는 嚴守케 해라.

2. 人事政策 小成의 길, 아첨하는 者 無能한 者를 排除

3. 規則的인 生活, 適當한 運動, 充分한 休息으로 健康유지.

4. 懸案을 先摸定하고, 關聯情報에 熟知케 해라.

5. 大統領부터 國法遵守의 模範 보여라.

6. 不幸한 일도 甘受해라. 다만 最善다하도록

7. 國民의 뜻과 民心에 밀어라. 理解 안될때 說明方式 再考해라.

8. 國會의 輿論과 批判 傾聽, 그러나 政府의 않는건 춤춤들어라.

9. 靑民以外의 一般市民과의 接觸에 힘써라.

10. 言論의 報道를 重視하되 拘碍 되지 말아라.

11. 精神的 健康과 健全한 判斷力의 保持케라.

12. 哀哀을 每日의 日課으로 ~~自己思想을 主體化~~ 케라.

13. 外老의 ~~에게 歡待를~~ , 나라미래의 未來 담은 ~~에게~~

14. 種種의 思考. 國家利益을 마음에 간직

15. 나는 할수 있다. 하느님이 같이 계시다

DJ가 1997년 12월 대통령에 당선된 뒤 노트에 작성한 '대통령 수칙'. 대통령으로서의 태도와 마음가짐이 어떠해야 하는지 스스로 다짐한 글인데, 열다섯 째 항목에 '나는 할 수 있다. 하느님이 같이 계시다'라는 내용이 적혀 있다. 김대중평화센터 제공

〈대통령 수칙〉

1. 사랑과 관용, 그러나 법과 질서를 엄수해야
2. 인사 정책이 성공의 길이다. 아첨한 자와 무능한 자를 배제
3. 규칙적인 생활, 적당한 운동, 충분한 휴식으로 건강을 유지
4. 현안 파악을 충분히 하고 관련 정보를 숙지해야
5. 대통령부터 국법 준수의 모범을 보여야
6. 불행한 일도 감수해야 한다. 다만 최선을 다하도록
7. 국민의 애국심과 양심을 믿어야 한다. 이해 안 될 때는 설명 방식을 재고해야
8. 국회와 야당의 비판을 경청하자. 그러나 정부 짓밟는 것 용서하지 말아야
9. 청와대 이외의 일반 시민과의 접촉에 힘써야
10. 언론의 보도를 중시하되 부당한 비판 앞에 소신을 바꾸지 말아야
11. 정신적 건강과 건전한 판단력을 견지해야
12. 양서를 매일 읽고 명상으로 사상과 정책을 심화해야
13. 21세기에의 대비를 하자. 나라와 국민의 미래를 명심해야
14. 적극적인 사고와 성공의 상像을 마음에 간직
15. 나는 할 수 있다. 하느님이 같이 계시다

령은 재임 내내 건강 자체보다 건강을 둘러싼 루머 때문에 훨씬 많은 스트레스를 받았다.

그래도 DJ는 스트레스를 잘 이겨 냈고 이것이 건강을 유지한 비결 중 하나였다. 모든 사안을 긍정적으로 보려고 노력하는 습관이 도움을 줬다. 평생을 죽을 고비를 넘기고, 감옥에 가고, 선거에서 패배하고, 정치 세력을 유지해야 하는 엄청난 압박감 속에서 살았지만 낙관적인 생각을 잃지 않으려 애썼다. 김 대통령은 주치의인 장석일 원장에게 종종 이런 이야기를 했다고 한다. "모든 사안엔 좋은 면과 나쁜 면이 다 있다. 아무리 좋지 않은 일이라도 긍정적 효과와 부정적 효과를 죽 써 내려가다 보면, 거기서 마음의 위안을 얻을 수 있다. 실패를 했어도 꼭 실망할 것만은 아니다. 그렇게 생각한다. 정신적 스트레스를 그렇게 이겨 나간다."

종교적 믿음도 도움을 줬다. 김 대통령은 1973년 도쿄에서 납치를 당해 동해 어디쯤 수장될 위기에 처했다고 느꼈을 때 예수의 현신現身을 보고 '아, 이제 살았구나!' 안도했다고 밝혔다. 그 뒤 어떤 어려움이 있더라도 신은 항상 내 편이라는 믿음을 가졌고, 이것이 커다란 마음의 위안이 됐을 것이다. DJ가 1997년 12월 대선 승리 직후에 쓴 '대통령 수칙'을 보면, 15개 항 중 맨 마지막에 "나는 할 수 있다. 하느님이 같이 계신다"는 내용이 적혀 있다. 종교의 긍정적인 면은 이런 데서 나오는 게 아닌가 싶다.

운동 대신 취미 생활로 스트레스를 관리하다

김 대통령은 1971년 의문의 교통사고를 당해 다리를 다쳤고 나이가
들수록 걷는 걸 고통스러워했다. 공식 행사에서는 혼자서 걷거나 때
론 지팡이를 짚었지만 사진 기자들이 사라지면 웬만한 거리는 휠체
어를 타고 이동했다. 위기에 처한 나라를 구했다는 점에서 미국의 프
랭클린 루스벨트 대통령과 비슷했지만, 이 점에서도 그는 루스벨트
를 닮았다. 소아마비를 앓았던 루스벨트는 대중 앞에서는 꼿꼿한 자
세를 유지하려 애썼지만 뒤에서는 언제나 휠체어를 타야 했다. 그러
나 루스벨트는 소아마비를 통해 다른 이들의 약점을 받아들이기 시
작했다. 자본가 집안 출신임에도, 가난하고 소외된 이들을 위한 뉴딜
정책을 폈다. 김대중은 자서전에 "나는 장애의 몸으로 고령에 대통령
이 됐다. 그래서 노인과 장애인에 대한 생각이 남달랐다"고 썼다. 다
리가 불편했던 게 그에게는 사고의 폭을 확장하는 계기로 작용했던
것이다.

강한 체력이 요구되는 대통령 재임 기간에 DJ에게 운동을 권하는
건 쉽지 않은 일이었다. 장석일 원장은 "김 대통령은 아픈 다리 때문
에 간단한 맨손 체조, 도수 체조를 하는 것 외엔 거의 운동을 하지 않
으셨다. 그래서 청와대 경내 수영장에서 수영하시라고 권했다. 바닷
가(전남 하의도) 출신이라 어릴 때부터 수영을 잘하셨다고 한다. 대통
령은 수영보다는 수영장에 딸린 사우나에서 목욕하면서 텔레비전을

야당 총재 시절의 DJ가 1990년 8월 전북 부안의 격포해수욕장을 찾아 수영을 하고 있다. 다리가 불편했던 김 대통령에게 청와대 의료진은 수영을 하라고 권했지만, DJ는 수영장 옆에 딸린 사우나에서 TV 프로그램 〈동물의 왕국〉을 시청하는 걸 더 즐겼다. 연세대 김대중도서관 제공

보는 걸 즐기셨다. 저녁 약속이 없으면 오후 6시쯤 퇴청하면서 수영장에 들렀는데, 사우나에서 〈동물의 왕국〉 프로그램을 보는 걸 유독 좋아하셨다"고 말했다.

장 원장은 "그런데 태풍이 올라오거나 비가 좀 많이 오면 그렇게 좋아하는 목욕도 건너뛰고 관저로 곧장 가서 보고를 받으셨다. 그걸 보면서 대통령이란 게 저런 자리구나, 그런 걸 느꼈다"고 말했다. 노무현 대통령이 자서전에 쓴 "비가 오지 않아도, 비가 너무 많이 내려

도 다 내 책임인 거 같았다. 대통령은 그런 자리였다"는 말은 아마 역대 대통령 모두가 느꼈을 무거운 책임감의 표현일 것이다.

국민에게 고개 숙이는 데
인색하지 않았던 대통령

2024년 초, 윤석열 대통령의 신년 기자 회견 여부가 관심사로 떠올랐다. 취임 100일 기자 회견(2022년 8월) 외에는 공식 기자 회견을 한 번도 열지 않았던 터라 4월 총선을 앞둔 중요한 시기에, 더구나 부인 김건희 여사를 둘러싼 논란이 커지는 와중에 대통령의 공개적인 발언을 듣고 싶은 것은 언론이나 국민이나 마찬가지였다. 하지만 윤 대통령은 KBS와 신년 대담을 하는 것으로 기자 회견을 대체했다. 윤 대통령의 두 번째 기자 회견은 그해 5월 9일 취임 2주년을 맞아 열렸다.

임기 3년이 가까워 올 때까지 이처럼 기자 회견을 적게 한 대통령은 없었다. 1987년 대통령 직선제가 부활한 이후 역대 대통령 가운데 신년 기자 회견을 2년 연속 건너뛴 이는 없었다. 언론 접촉을 기피했던 박근혜 대통령도 재임 중 신년 기자 회견은 2014~2016년 3년간 꼬박꼬박 열었다. 이명박 대통령은 신년 기자 회견을 국정 연설로 대체했지만 그래도 재임 5년간 10번의 공식 기자 회견(외국 정상과의 공동 회견 제외)을 가졌다. 코로나19 팬데믹 와중에도 비대면으로 신년 기자 회견을 했던 문재인 대통령을 '숨 막히는 불통 정권'이라 공격했던 국민의힘은 윤 대통령의 언론 기피를 뭐라 부를까.

DJ와 노무현, 가장 많은 기자 회견을 한 대통령

김대중은 노무현과 함께 재임 중 가장 많은 기자 회견을 한 대통령으로 꼽힌다. 그는 기자 회견을 의례적 행사가 아니라, 국민과 세계에 분명한 메시지를 던지는 장으로 활용했다. 1997년 12월 대선 승리 다음 날 가진 기자 회견에서 북한에 남북 정상 회담을 제안한 건 그런 사례다. 2001년 신년 기자 회견에선 언론사 세무 조사를 염두에 두고 언론 개혁을 언급한 것도 비슷하다.

김대중은 공식 회견뿐 아니라 다양한 형태로 언론과 접촉하는 걸 꺼리지 않았다. 청와대 기자실을 직접 찾아와 비공식 기자 간담회를 열었고, 해외 순방 중 또는 순방을 끝내고 귀국하는 자리에서 기자들과 만나 질문을 받곤 했다. 사전 조율이 전혀 없는 언론 접촉은 자칫 '뜻밖의 사고'로 이어질 수 있다. 1999년 6월 1일 러시아 방문을 마치고 귀국한 김 대통령의 서울공항 기자 회견이 그랬다. 그날 서울공항 입국장에서 김 대통령은 마중 나온 기자들의 질문을 받았다. 국내에서 가장 뜨거운 이슈였던 '옷 로비 의혹 사건'에 대한 질문이 쏟아졌다. 의혹을 받는 김태정 법무부 장관 거취에 관한 질문도 나왔다.

김 대통령은 내심 언론 보도가 지나치다고 생각하고 있었다. "지도층에 있는 사람들의 가족 문제로 심려를 끼쳐 죄송하다. 철저히 밝히겠지만 잘못이 없는데 마녀사냥식으로 몰아가는 것, 대통령 인사는 그래선 안 된다"고 답변했다. DJ의 '마녀사냥' 발언은 언론의 거센 비판을 받았고 결국 이 발언에 관해 국민에게 사과해야 했다. 바로 이런 위험 때문에 대개의 대통령은 기자들과 공식·비공식으로 만나는 것을 꺼린다. 취임 직후 도어스테핑을 약속했던 윤 대통령이 오히려 언론과 가장 소통하지 않는 대통령이 된 건 그런 이유에서다. 하지만 언론과의 만남은 국민에게 중요한 정책 어젠다와 비전을 제시하는 기회일 뿐 아니라 대통령이 국정을 장악하고 제대로 일을 하고 있다는 믿음을 줄 수 있는 중요한 기회다. 이 점에서 미국과 한국은 다르다.

기자 회견에 임하는 한·미 대통령의 차이

한국과 미국 대통령의 기자 회견에는 몇 가지 중요한 차이가 있다.

첫째, 회견 횟수에서 차이가 크다. 미국 대통령은 대개 한두 달에 한 번꼴로 단독 기자 회견 또는 간담회를 연다. 백악관 뜰이나 외부 행사에서 잠깐 기자들과 마주치면서 질문 몇 개를 받는 약식 일문일답을 빼고도 그렇다. '역대급으로 언론과 접촉을 피한다'는 비판을 받은 조 바이든 전 대통령조차 재임 첫 3년간 14차례의 단독 기자 회견을 했다.

둘째, 한국 대통령의 기자 회견에는 비서실장과 수석비서관, 부처 장관들이 모두 배석한다. 때론 국무총리가 대통령 바로 옆에 앉아 있기도 한다. 미국에서는 대통령 혼자서 연단에 서고 백악관 대변인 정도가 옆에서 지켜보는 게 대부분이다. '단독 기자 회견'을 중시하는 것은, 그래야 국정 주요 현안을 대통령이 얼마나 장악하고 있는지 알 수 있기 때문이다. 물론 우리나라에서 장관과 수석비서관들이 기자 회견에 배석해도 이들이 질의응답에 참여하는 경우는 거의 없다. 그래도 대통령 옆에 수십 명의 장관·수석비서관이 앉아 있으면 과시적이라는 느낌을 지울 수는 없다.

셋째, 한국 기자 회견에는 추가 질문이 없다. 그러니 핵심 현안에 관해 국민의 궁금증을 풀어 줄 정도로 대통령의 답변을 끌어내지 못한다. 2024년 초 KBS의 윤 대통령 인터뷰에서, 김건희 여사 명품백 논란에 관한 질문에 윤 대통령의 답변은 이랬다. "대통령이나 대통령 부인이 어느 누구한테도 박절하게 대하긴 참 어렵다. (최재영 목사가) 자꾸 오겠다고 해 매정하게 끊지 못한 것이 문제라면 문제고, 좀 아

쉽지 않았나 생각된다." 두루뭉술한 답변이다. 그럼에도 김 여사가 왜 현장에서 명품백을 거절하지 않았는지, 대통령은 부인의 명품백 수수를 언제 처음 알았고 어떻게 대응했는지 등 국민이 궁금해하는 추가 질문은 이뤄지지 않았다.

1999년 옷 로비 의혹 사건 와중에 열린 김대중 대통령의 기자 간담회에서는 '김태정 법무부 장관을 어떻게 하실 겁니까?' '조사 결과 혐의가 없으면 법무부 장관을 퇴진시키지 않을 생각입니까?' '이전부터 김태정 장관 임명에 비판이 많았는데…' 등 질문이 세 번 연속해 대통령을 파고들었지만 요즘은 이런 광경을 찾아보기 힘들다.

넷째로, 미국에서는 기자들 질문을 백악관이 사전에 파악하지 않는다. 다만, 대통령은 질문자를 선택할 수 있는 지명권을 갖는다. 한국에서는 박근혜 대통령 시절인 2014년과 2016년, 신년 기자 회견 질문의 사전 조율 논란이 잇따라 불거졌다. 2014년 1월 6일 열린 박 대통령 신년 기자 회견을 앞두고 청와대 홍보수석실은 '대통령 신년 구상 발표 및 기자 회견 질문지'라는 제목의 4장짜리 문건을 작성했다고 나중에 《뉴스타파》가 보도했다. 이 문건에는 질문 기자 12명의 순서와 질문 내용이 정리되어 있었는데, 실제 기자 회견에서는 두 기자의 순서가 바뀐 것 외에 순서와 내용이 거의 똑같았다고 한다.

비슷한 일은 2016년에도 반복됐다. 사전 조율까지는 아니더라도, 최소한 기자단이 내부적으로 정한 질문 순서와 내용을 홍보수석실이 미리 파악했다는 것은 분명했다. 물론 기자들의 질문은 현안에 집중되기에 청와대 홍보수석실이 준비하는 100여 개의 예상 질문·답변 범위를 대개 벗어나지 않는다. 그래도 질문 내용을 사전에 알게 되면, 대통령이 껄끄러워할 민감한 질문에 좀 더 잘 대처할 수 있는 여지가 생긴다.

필자의 개인 경험에 비춰 보면, 미리 정한 질문을 깡그리 무시하고 즉석에서 자유롭게 질의응답을 한 건 노무현 대통령이 거의 유일하다. 2007년 6월 《한겨레》 정치부장 시절에 노 대통령 인터뷰에 참여한 적이 있다. 사전 질문·답변서를 주고받았음에도 현장 인터뷰는 예정 시간을 1시간이나 넘기며 완전히 새롭게 진행되었다. '좀 껄끄러운 질문을 해도 되겠냐'고 묻자 노 대통령이 했던 "나는 질문이 껄끄러운 건 상관없다. 오히려 기자들의 질문이 날카롭지 않아서 불만이다"라는 대답은 지금도 기억에 선명하다.

국민에게 사과하는 것도 대통령의 책임이자 의무

김대중 대통령은 재임 중 매년 빠지지 않고 신년 기자 회견을 열었다. 임기 첫해인 1998년에는 취임(2월 25일) 직후에 기자 회견을 했고, 2000년 1월 26일과 2001년 1월 11일, 2002년 1월 14일에 각각 연두^{年頭} 기자 회견을 열었다. 1999년 2월 21일에는 일반 국민과 직접 소통하는 형식의 '국민과의 대화'를 처음 도입해서 열었다.

김대중 대통령이 2000년 1월 26일 청와대 춘추관서 열린 신년 기자 회견에서 기자들의 질문에 답변하고 있다. 옆에 박태준 국무총리와 부처 장관들의 모습이 보인다. 연세대 김대중도서관 제공

김 대통령이 재임 중 작성한 국정 노트에는 2000년과 2001년, 2002년 신년 기자 회견을 앞두고 적은 메모가 남아 있다. 눈에 띄는 것은, 세 차례 모두 국민에게 사과하는 것으로 회견을 시작한다는 점이다. 2000년 신년 기자 회견 메모에는 야당과의 격한 대립을 염두에 둔 듯 "최근의 정치 혼란과 자율 능력 상실 부끄럽다. 정치 현실에 사과'라고 적었고, 2001년에는 "경제·민생 어려움에 책임을 통감한다"고 썼다. 2002년 신년 기자 회견 메모에는 "최근의 각종 게이트 죄송. 일부 벤처·공직자·금융인들 연루 죄송"이라고 적었다. 의례적인 사과라고

비판할 수 있다. 그래도 권력의 정점에 선 사람이 국민에게 고개를 숙이는 것은 쉬운 일이 아니다. 김대중 대통령과 윤석열 대통령의 국정 운영 스타일에서 가장 뚜렷하게 대비되는 지점 중 하나가 바로 이것이다. 그만큼 DJ는 여론에 민감했고, 국정의 최고 책임자로서 항상 국민에게 부족하다는 마음을 가졌다.

임기 5년간 줄곧 청와대에서 김 대통령을 보좌했던 박선숙 씨는 "그 점에서 DJ는 여론을 중시한 대중 정치인이었다. 특히 외환 위기 와중에 취임했기에 국민이 느낄 아픔과 절망, 분노에 대한 미안함과 안타까움이 컸다. 국민 동의를 구하고 국민을 설득하는 게 대통령의 가장 큰 책임이자 의무라고 생각했기에, 국민에게 고개 숙이는 걸 크게 개의치 않았다"고 말했다.

국정 메모에서 또 하나 눈에 띄는 것은, IMF 위기를 극복하면 세계 일류 국가가 될 수 있다는 자신감을 국민에게 불어넣으려 애쓴 점이다. 미증유의 국가 위기 속에서 세계 일류 국가를 내다본 건 지도자의 통찰력일 것이다. "대한민국은 지금 세계 일류 국가가 될 절호의 기회다. 19세기 우愚를 범하지 말자. 지식 기반 국가, 10대 정보 강국 만들어서 세계적 경쟁에서 승리해야 한다. 우리는 할 수 있다"는 2000년 1월 26일 기자 회견 메모는 정확하게 한국이 나갈 방향을 제시한 예언과도 같았다.

記者會見　'00.1.26

1. 새해人事. 지난해지지 聲援感謝

2. 新年辭. 創業大會致辭 등으로 2000年度 國政方向闡明 — Key word '安全속기 改革'

① 政治 —

② 經濟 —

③ 生産的 福祉로 中産層과 庶民의

④ 地方色 打破하여 國民大和合 實現

⑤

3. 國民과 言論界의 궁금증에 答하고자 質疑

맺는 말

2000년 1월 26일 신년 기자 회견을 앞두고 김 대통령이 작성한 국정 노트. 김대중평화센터 제공의짐짐길. 앞으로 圖畵也.

2. 偉大한 우리國民 — IMF危機의 克服克
服하도이 이런國民 克服確信, 더노努力

3. 大韓民國은 지금 在界 一流의 앞선 先好
의 財産과 潛在者 內앞는 强調

4. 그러기 爲해서는 政治的安定속에 國政全般
을 改革해야

5. 19世紀의 榮光 再現말자, 知的誠 茅苦に
없, 競爭力 强化없만들거서 在界的 競爭속에서
勝利케야 우리는 앞슬수있다.

6. 나도그러케 挺身으로 앞으로 全力과 身命을바처
獻身하겠고

7. 우리모두 和合과 協力속에 자랑스러운 大韓民
國은 復强에게 물러주자

8. 여러분의 健勝祝祝

〈기자 회견〉 00.1.26
1. 새해 인사. 지금까지의 성원 감사(정치 현실 사과)
    최근의 정치 혼란과 자율 능력 상실 부끄럽다, 안정과 개혁. 국가 위기.
2. 신년사. 창당 대회 축사 등으로 2000년도 국정 방향 개진-키워드 '안
    정 속의 개혁'
① 정치-공명 선거 실시, 정치의 개혁 노력
② 경제-지식 정보화 경제 촉진으로 일류 국가의 기반 조성
③ 생산적 복지로 중산층과 서민의 생활 안정.
    2000년 10조 원 수준 지원. IMF 이전 수준. 2002년 OECD 상위권.
④ 지방색 타파하여 국민적 화합 실현
⑤ 한반도 평화와 화해 협력의 추진에 적극
3. 국민과 언론계의 궁금증에 답하고저 질의응답에 들어가겠다. 좋은 질
    문해 주시길 바람.

맺음말
1. 정치적 중대 난국 국면. 도약과 좌절의 갈림길. 앞으로 임박
2. 위대한 우리 국민-IMF 체제의 위기 극복하듯이 이 난관도 극복 확신.
    저도 노력
3. 대한민국은 지금 세계 일류 국가가 될 절호의 기회라고 많은 국내외
    전문가들 강조
4. 그러기 위해서는 정치적 안정 속에 국정 전반을 개혁해야
5. 19세기의 우를 재범 말자. 지식 기반 국가, 10대 정보 강국 만들어서
    세계적 경쟁에서 승리해야. 우리는 할 수 있다.
6. 나도 그러한 결심으로 앞으로 3년간 신명을 바쳐 헌신하겠다
7. 우리 모두 화합과 협력 속에 자랑스러운 대한민국을 후손에게 물려주자
8. 여러분의 건승 축원

적극적인 국민 소통 창구였던
신년 기자 회견

김대중 대통령은 한 해의 국정 방향과 기조를 국민에게 밝히는 신년 기자 회견(그때는 '연두 기자 회견'이라 불렀다)을 매년 빼놓지 않고 했다. 신년 기자 회견을 앞두고 김 대통령은 국정 노트에 국민에게 하고 싶은 메시지를 정리했는데, 여기서는 2001년과 2002년의 국정 노트를 살펴보려고 한다.

2001년 신년 회견은 '정직, 법치, 자신감, 겸손'하게

먼저, 2001년 1월 11일 신년 기자 회견을 앞두고 작성한 국정 노트 내용을 한번 읽어 보자.

신년 기자 회견을 앞두고 분야별로 현안과 정책 방향, 대통령의 생각을 꼼꼼하게 정리한 것이 눈에 띈다. 가제목을 '정직, 법치, 자신감, 겸손'으로 달았다. 국민 앞에서 정직하고 겸손하게 생각을 밝히되, IMF 위기를 극복해 경제를 다시 살릴 수 있다는 자신감을 보여줘야 한다고 스스로 다짐하는 듯하다. '대통령의 결심-정도 법치 화합의 자세'라고 적은 것도 비슷한 맥락으로 읽힌다.

또 다른 인상적인 대목은, 정치 분야에서 "6. 야野는 대통령 실패 희망 집권 전략 버려야. 정책 대결과 건전 협력, 나는 그랬다"라고 적은 부분이다. DJ는 집권 기간 내내 여소야대與小野大 국회에 직면했다. 여야의 입장 차이일 수는 있겠지만 DJ 역시 대통령으로서 야당인 한나라당이 정부 정책에 너무 발목을 잡는다는 불만을 가졌던 듯싶다. '내가 야당 총재일 때는 여당과 정책 대결을 하고, 협력할 건 협력했는데…'라고 쓴 것은 그런 의미다. 그러면서 한나라당에게 '대통령의 실패로 반사 이익을 얻어서 집권할 생각을 버려야 한다'고 충고했다. 윤석열 대통령이 DJ의 국정 노트를 읽으면 아마도 가장 크게 공감할 부분이 이 대목일 것이다. 윤 대통령 역시 '거대 야당이 사사건건 발목을 잡으며 대통령의 실패만 바란다'고 느낄 것이다.

그러나 한 가지 중요한 차이가 있다. 김 대통령은 야당에 그런 생각을 갖고 있으면서도 앞서 말한 대로 재임 5년간 이회창·조순 한나라당 총재와 모두 8번의 여야 영수 회담을 가졌다. 국회 제1당인 한

김대중 대통령이 2001년 1월 11일 청와대 춘추관 대회견장에서 열린 연두 기자 회견에서 한 기자의 질문에 귀를 기울이고 있다. 연세대 김대중도서관 제공

나라당을 설득하고 협조를 구하려는 노력을 임기 내내 버리지 않았다. 윤 대통령은 임기 절반이 지나도록 이재명 민주당 대표와 단 한 차례 만났다. 그것도 2024년 4월 총선에서 참패한 이후에 형식적 만남에 그쳤을 뿐이다. '소통'과 '불통'의 차이는 여기서 났다.

김대중 대통령이 경제 분야에서 자신의 가장 큰 업적으로 정보화와 전자정부를 꼽은 점도 의미 있다. 김 대통령 재임 중 구축한 초고속 인터넷망과 정보 기술IT 산업 육성은 한국이 선진국으로 발돋움하는 기반이 되었다.

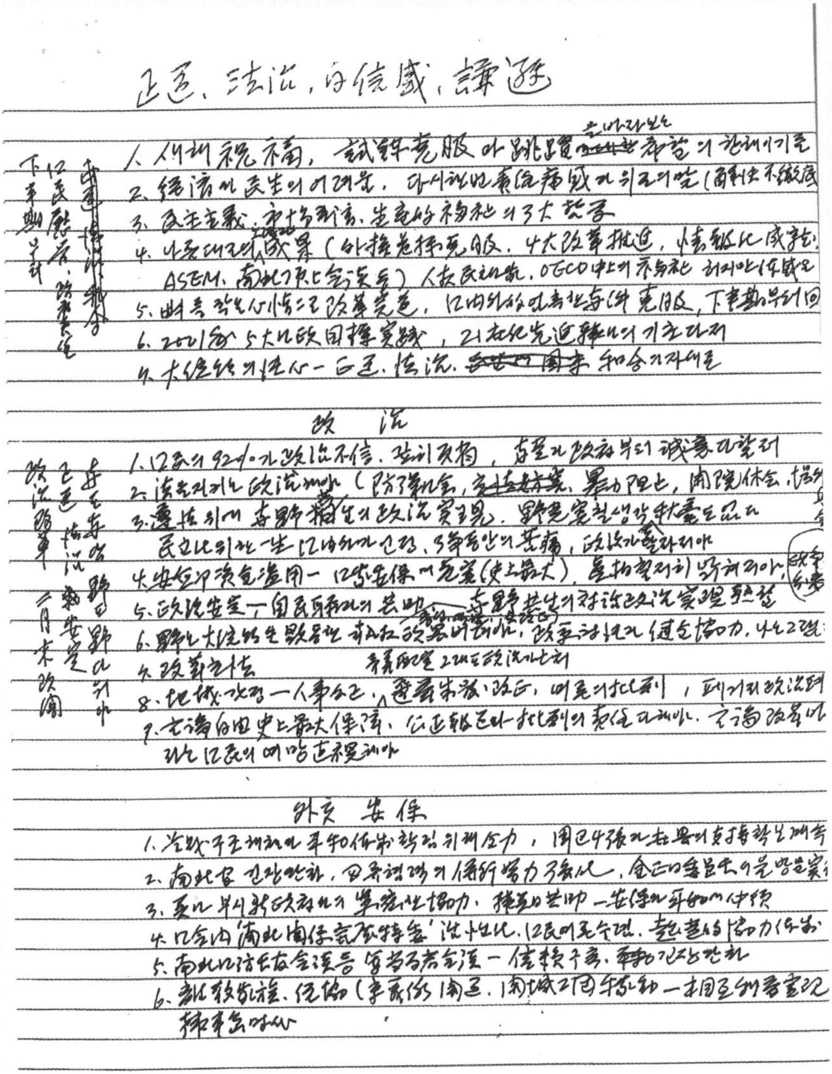

2001년 1월 11일 신년 기자 회견을 앞두고 작성한 국정 노트 첫 두 장. 김대중평화센터 제공

經 濟

1. 4大改革, 進路外 張疑, 不足 조합, 緩急 해결과 이정, 그게서 伴奏中시라

2. 소은택 구조조정 - 政治化로 반 보완고 + 金融 소비 自律改革

3. 국제상황예측 - 高油價, 통화등의 信用狀況 조정외

4. 市場의 信賴回復, 記律경영정책 强化 - 1그런 경정객 金 推民시

5. 防衛産業, 增가 근대시너 벤처 (에게 그 主), 四海 무역운동과, 李算 (짓내)

陸海空 으로 移轉事業 재위派心시　　電子政府完成, 3단시

6. 가장 무豫情 - 情報化 本器 / 件　　거部터의 새로젝. 指僕弱化口

7. 金改 規制集

8. 石油化, 쇄내 질 SOC, 地域교치 治解받시, 君信派 통보는

9. 에외 민는 地域과 공평 당中集중요. 급분기종기 院급치수체는 문화공론

8. 시장 保障응용 로버트 루커스 (시카고)　경제축 기치가 경의 국外 일부라
시장이 완벽하고 /시민에서 太하든바고, 따라서 어린 信用과 마총에서 거기 달려요
지나치게 방치한敗 - 구매書類, 政府 弱 평 가는다
12447구기氣 - 지금 바로 갈가오바요, 4大 改革제도 하시면 다시인 1고

9. 合資競爭력 하오지따시, 本種化, 共同運命 企業産業力라고 偽力외희상
合資集

10. 不爲 金改, /소택, 金量人 - 정치만 홇 (홇 은거시가, 是種差別시, 混金
雲 動 음니, 지시 政 짤 시라다, 實練 評價, 變態 외 位을慣집시
件 連接하고 信 州 등集

11. 上票期上 날弱 하, 下票期 回復, 5~6%, 자시내바, 100 만 시라 黑字

〈정도, 법치, 자신감, 겸손〉
1. 새해 축복. 시련 극복과 도약을 바라보는 희망의 한 해이기를
2. 경제와 민생의 어려움. 다시 한번 책임 통감과 위로의 말(해결 불철저)
3. 민주주의, 시장 경제, 생산적 복지의 3대 철학
4. 나름대로의 노력과 성과(외환 위기 극복, 4대 개혁 추진, 정보화 성취, ASEM, 남북 정상 회담 등), 인권 민주 국가, OECD 중상의 복지, 하지만 체감은.
5. 뼈를 깎는 심정으로 개혁 완수. 국내외적 엄혹한 여건 극복. 하반기부터 회복.
6. 2001년 5대 국정 목표 실천. 21세기 선진국의 기초 다져.
7. 대통령의 결심-정도, 법치, 화합의 자세로

〈정치〉
1. 국민의 92%가 정치 불신. 깊이 반성. 여당과 정부부터 성의 다할 것
2. 법을 지키는 정치해야 (방탄 국회, 폭력 저지, 개원 휴회, 장외 집회)
3. 준법 위에 여야 공생의 정치 실현. 야당 해칠 생각 추호도 없다
4. 안기부 자금 도용-국가 안보에 위해(사상 최대), 진상 철저히 밝혀야
5. 정치 안정-자민련과의 공조(총선, 역할, 법 개정), 여야 공생의 대화 정치 실현 열망
6. 야는 대통령 실패 희망 집권 전략 버려야. 정책 대결과 건전 협력, 나는 그랬다
7. 개혁 입법. 예산 배정 그래도 정치가 망쳐.
8. 지역감정-인사 공정, 선거 제도·정치·여론의 비판, 패거리 정치 폐해
9. 언론 자유 사상 최대 보장. 공정 보도와 비판의 책임 다해야. 언론 개혁 바라는 국민의 여망 직시해야.

(외교 안보)

1. 냉전 구조 해체와 평화 체제 확립 위해 전력
2. 남북 간 긴장 완화·교류 협력의 병행 노력 강화, 김정일 위원장 서울 방문 실현
3. 미국 부시 신정부와의 긴밀한 협력·한미일 공조-안보와 평화에 필수
4. 국회 내 '남북 관계 발전특위' 활성화, 국민 여론 수렴, 초당적 협력 체제
5. 남북 국방장관 회담 등 군 당국자 회담-신뢰 구축, 긴장 완화
6. 이산가족, 경협(경의선 개통·개성공단 가동-상호 이익 실현 한반도 시대)

(경제)

1. 4대 개혁, 속도와 강도 부족 반성. 미약한 이행, 2월 이후 상시 체제
2. 공기업 구조 조정-정부가 모범 보일 것. 금융·기업 자율 개혁
3. 국제 상황 대처-고유가, 미·일 등의 경제 상황 대처
4. 시장의 신뢰 회복, 금융 손해 타개, 국제 경쟁력 강화-국가경쟁력위 구성
5. 신공항, 부산 컨테이너 부두(세계 2위), 서해안 운송 정책, 육해공으로 한반도가 물류 중심
6. 가장 큰 업적-정보화 세계 1위, 21세기의 새 물결, 전자 정부 완성, 경제 강국
7. 금융 지원책
8. 지역별 소형 SOC, 지역 경제 활성화, 고용 창출
9. 여유 있는 가계는 소비 활동 참여를. 금 모으기 같이 경제 살리는 애국 운동

8. 노벨 경제학자 로버트 루커스(시카고대) '경제적 기대는…. 사람의 판단과 심리에 좌우된다. 따라서 경제란 마음먹기에 달려 있다'

◇지나친 위기의식-구매 위축·증시 침체 가속화 ◇국내외 전문가 '지금 바른길 가고 있다. 4대 개혁 철저하면 다시 일어선다'

9. 노사 공생의 신문화, 세계화, 공동 운명, 기업 경쟁력 위한 협력과 희생

10. 부실 금융, 공기업, 기업인-철저한 책임 물어야. 재산 환수, 퇴출. 노동자만 희생 강요 안 한다. 실적 평가, 교체 및 경영진 선출 건 투명하고 공정 모집

11. 상반기 감내, 하반기 회복. 5~6%, 3% 이내, 100억 연 내외 흑자

사과로 시작한 2002년 신년 기자 회견

임기 마지막 해인 2002년 1월 14일 신년 기자 회견을 앞두고 작성한 한 장짜리 국정 노트의 내용도 흥미롭다. 임기 말로 접어들면서 이른바 '3대 게이트'(정현준·이용호·진승현 게이트)라 불리는 권력형 비리 사건이 연달아 터지던 시점이었다. DJ는 이를 의식한 듯 '최근의 각종 게이트 죄송하다. 지위와 친소 구별 없이 엄중 척결하겠다'고 고개를 숙였다.

그러면서도 2002년이 경제 재도약과 세계 일류 국가의 갈림길이라면서 일류 상품을 많이 만들어서 '메이드 인 코리아'가 일류 상품의 대명사가 되도록 해야 한다고 강조했다. 그 무렵 미국과 유럽 시장에서 2류로 평가받던 삼성·현대·LG·SK 등 한국 브랜드는 이후 눈부시게 성장해 세계 일류의 자리에 우뚝 섰다. 이게 김대중 정부의 공이라고 할 수는 없고, 기업의 노력이 컸을 것이다. 그래도 대통령이 직접 기자 회견 메모에 그런 방향을 정리해서 국민에게 잘 설명할 수 있다는 건 국가 운영과 정책 집행에서는 매우 중요하다.

다음은 2002년 1월 국정 노트에 담긴, 기자 회견을 준비하면서 쓴 메모의 내용이다.

2002년

記者會見

1. (經濟問題가) 勤勞所得 ~ 率이 下. 最고高로 하고 있(以)
2. (소득(所得이)) 쓰레기 매몰 ~ 무차별로 머무기대는 매일

1. 새해 人事   지난해에 苦楚가 많어 감사   率直과 國民陰密의 처리기록
2. 景氣의 急回復가 체포.   累나후.   一과 반자.   依戰事.   全학생 人 등 언루.   고용
   地位에 根據 근무이요의 早選 처결.
3. 4大 課題와 4大 행事   政府의 처결 청가

2002년 經濟力伸張 의제

① 2001년의 經濟運營 = 모내우 어려운가. 기대 이상. 國際 水준에 경제경영
② 2002년이 經濟 再跳躍의 기 元年 ~ 一流 선진 시대의 갈 길 四
   첫째 ~ 一流 商品 ~ 一流 서비스의 경쟁력. IT. BT. CT 등의 尖端 技術產
   業의. 伏選 尖端技術 選取. 選取과 集中으로 重點支원. 문화力
   ⋯⋯ 등에서 하류 부가 力의 선도. 商品과 技術~ 우리流 技術이 力化. 伽商命
   장악부 → 가接과 品質의 兩 mg. made in Korea ~ 一流 + 결
   商구의 海外진 出이라야 아시아 본구 (투자) 인 營 중심황 대응
   150억弗 外資 유치. 20弗 부가모험 구주 1부축
   ~ 海商品 100개 육성개발
   셋째 유연한 문成장. 全경제 成果와 中低소득 계층의 소득증대로 內需 ~
   擴大
   넷째 전통 生文化. 위기사다리 방을 人 大 경쟁. 투명과 신뢰. 생산
   성과 보상. 商성장 모두 共成長 努力으로 실현
   다섯째 환경經표준. 삶의 기술 위 상명 향 인권. 남이 필요해. 海外개발협
   여섯째 全球화와 자주독립 ~ 新자由主의化. 新국부 명심

〈기자 회견〉 2002년
1. (저소득층) 근소세 인하, 서민층 재산 형성
2. (스팸 엄벌) 쓰레기 메모-무차별적으로 퍼부어 대는 메일

1. 새해 인사. 지난해의 노고 위로와 감사. 행운과 국운 융성의 해 되기를
2. 최근의 각종 게이트 죄송. 일부 벤처·공직자·금융인들 연루 죄송. 지
   위와 친소 구별 없이 엄중 척결
3. 4대 과제로 4대 행사. 부정부패 척결 첨가

(2002년 총력 경제의 해)
1. 2001년의 한국 경제-국내외의 평가 기대 이상. 국민과 노사의 협력
2. 2002년이 경제 재도약과 세계 일류 국가에의 갈림길

첫째, 일류 상품, 일류 서비스의 경쟁력. IT BT CT 등의 첨단 기술 발전,
전통 산업과 접목. 선택과 집중으로 경쟁력, 새로운 성장 동력
둘째, 수출력 회복. 생산과 수출 우리 경제 핵심 동력. 가격 경쟁, 신기술
위주→가격과 품질의 양면에서 'made in korea' 일류 상품의 대명사 돼
야. 아시아 본부 (투자) 엔화 약세 대응. 150억 불 투자 유치, 20% 동북아
물류 중심 구축, 일류 상품 100개 추가 개발
셋째, 유연한 재정·금융 정책과 중저소득층의 소득 증대로 내수 확대
넷째, 신노사 문화, 외국인과 국내 기업인 격정, 투명과 신뢰, 생산 성과
보상, 노사 모두 불법 폭력 엄단
다섯째, 정치 안정. 선거의 부정적 영향 없게. 남미의 교훈, 내외의 격정
여섯째, 금융 구조 조정 마무리-은행 민영화, 증시 투명성

DJ와 김정일,
4·8 남북 정상 회담의 막전막후

2000년 6월 13일 오전, 평양의 하늘은 구름이 조금 끼었지만 청명했다. 분단 이후 55년 만에 처음으로 대한민국 대통령을 태운 전용기가 순안공항에 사뿐히 내려앉았다. 전용기 문이 열리고 김대중 대통령이 트랩에 모습을 드러냈다. 저 멀리서 김정일 북한 국방위원장이 걸어오는 모습이 보였다. 김 대통령은 트랩에서 북녘 하늘을 바라봤다. 짧은 시간이었지만 주변 사람들에게는 길게만 느껴졌다.

당시 국정원장이던 임동원 씨는 "김정일 위원장이 걸어오는데 눈길을 주지 않고 왜 다른 곳을 응시하시나, 조금 애가 탔다"고 말했다. 김 대통령은 훗날 육성 회고록에서 "비행기 출구를 나와서 먼 산을 바라보는데 눈물이 쏟아지려고 했다. 분단과 전쟁으로 올 수 없던 북한 땅을 이렇게 직접 보게 되었다는 사실, 대통령으로서 첫 정상 회담을 하기 위해 북한에 왔다는 사실을 생각하니 만감이 교차하면서 눈물이 쏟아질 것 같았다"고 밝혔다.

김정일 위원장이 공항에 마중 나온 것도 파격이지만, 그가 김 대통령이 탄 차량 바로 옆자리에 동승해 숙소인 백화원 영빈관까지 이동한 것은 모든 이를 깜짝 놀라게 했다. 김 대통령은 아내인 이희호 여사 자리에 김 위원장이 타자 처음에는 놀랐지만 반가웠다고 자서전에 썼다. 차량에서 두 정상이 무슨 이야기를 나눴는지는 두고두고

2000년 6월 13일 평양 순안공항에 도착한 김대중 대통령이 직접 마중 나온 김정일 국방위원장의 두 손을 맞잡고 환하게 웃고 있다. 연세대 김대중도서관 제공

관심거리였다. 하지만 대화는 거의 없었다고 한다. 김 대통령은 나중에 "사전에 (정상 회담) 의제에 대해 합의한 게 없었고 상당히 긴장한 상태였기에 쉽게 대화하기 어려웠다. 또 (거리에 환영 나온) 평양 시민들의 환호 소리가 너무 커서 물리적으로 대화하는 게 불가능한 상황이었다. '저 사람들이 모두 자발적으로 나온 겁니다'라는 김 위원장 말만 들을 수 있었다"고 밝혔다. 역사적인 남한 대통령의 첫 북한 방문은 이렇게 시작됐다.

남북 정상 회담이 성사되기까지

남북 정상 회담을 향한 DJ의 노력은 대통령이 되기 훨씬 전부터 시작됐다. DJ는 야당 총재 시절부터 '오랜 적대 관계가 지속된 남북한 사이엔 정상 간 회담을 통해서 문제를 풀지 않으면 아무리 좋은 합의라도 지켜지기 힘들다'는 생각을 갖고 있었다고 임동원 씨(김대중 정부에서 국정원장과 통일부 장관을 지냈다)는 밝혔다. 임동원 씨는 "DJ는 대통령 되기 전부터 민족 문제를 북한 최고 지도자와 만나서 의논하겠다는 생각을 늘 갖고 있었다. 집권 이후 그런 생각은 '햇볕 정책'으로 가시화했다"고 말했다.

그러나 '나그네의 외투를 벗기는 건 강한 바람이 아니라 따뜻한 햇볕'이라는《이솝 우화》에서 따온 햇볕 정책은 김대중 집권 초기에는 북한의 화답을 끌어내지 못했다. 김정일은 남북 교류·협력을 추구하는 햇볕 정책이 북 체제를 안에서부터 약화해 흡수 통일하려는 의도라고 의심했다. 김 대통령은 육성 회고록에서 "처음엔 (북한이) 상당한 경계심을 보였다. 지난 정부에서 북한 붕괴론을 내세우면서 압박했기 때문에 우리에 대한 경계심이 매우 강했다"고 밝혔다.

이런 경계심을 약화시키는 물꼬를 튼 것은 정주영 현대그룹 명예회장이었다. 정 명예회장은 1998년 6월과 10월 두 차례에 걸쳐 소 떼 1001마리를 몰고 판문점을 넘어 북한을 방문했다. 현대와 북한의 금강산 관광 사업 계약으로, 그해 11월에는 사상 처음으로 남한 주민을 태운 유람선이 금강산에 도착했다. 정주영 명예회장은 방북 때 김정일 국방위원장을 직접 만날 정도로 신뢰를 쌓았다. 다른 기업들이 투자 안전성을 우려해 소극적일 때 오직 현대만이 대북 사업에 적극 뛰어들었고 이것이 6·15 남북 정상 회담의 가교 역할을 했다.

남북 정상 회담을 성사시킨 실무 핵심은 임동원 당시 국정원장과 박지원 당시 문화관광부 장관이었다. 박지원 장관은 북한과의 비밀 협상을 주도했고, 임동원 원장은 정상 회담의 내용을 채우는 역할을 했다.

2000년 1월 박지원 문화관광부 장관은 서울 플라자호텔 스카이라운지에서 열린 어느 모임에서 정몽헌 현대그룹 회장을 만났다. 이 자리에서 박 장관은 귀가 번쩍 뜨이는 이야기를 정 회장한테서 들었다고 한다. 박 장관은 "그날 정 회장이 나한테 '남북 정상 회담이 가능합니다'라고 말하더군요. 다음 날 곧바로 청와대에 들어갔죠. 김대중 대통령과 식사를 하면서 그 얘기를 했습니다. 그랬더니 DJ는 '현대를 통하면 가능할 수 있을 거다. 극비리에 한번 추진해 보라'고 하시더군요."라고 말했다.

현대는 대북 사업을 도와주던 재일동포 2세 요시다 다케시를 통해, 북한이 정상 회담에 긍정적이라는 판단을 갖고 있었다. 정몽헌 회장이 이 사실을 박 장관에게 말한 건, 북쪽에서 김 대통령의 최측근 인사와 접촉하기를 원했기 때문이다. 북한은 대북 공작을 해 온 국정원이 정상 회담 준비에 참여하는 것을 싫어했다고 나중에 김정일 국방위원장이 임동원 국정원장에게 직접 밝혔다.

박지원 장관의 첫 보고 이후 우리 정보기관은 일본에서 요시다가 북한과 정상 회담 추진에 관해 협의하는 구체적인 정황을 포착하고 성사 가능성이 크다는 판단을 내렸다. 2000년 3월 10일 싱가포르에서 남북 간 첫 비밀 접촉이 열렸다. 남쪽에서 박지원 문화관광부 장관이, 북쪽에서는 송호경 아태평화위 부위원장이 나섰다. 김 대통령은 박지원에게 비밀 협상을 맡긴 이유를 "북한이 대통령의 최측근 인사와 대화하길 원했다. 박 장관은 나의 최측근으로 일을 잘하기 때문에 특사 업무도 잘할 것이라고 판단했다"고 육성 회고록에서 밝혔다.

극비 접촉을 숨기려 박 장관은 부처 간부들에게 '건강이 좋지 않아 외국에 치료받으러 간다'고 말했다. 싱가포르에서 박 장관은 김 대통령의 베를린 선언문을 송호경 부위원장에게 전달하면서 DJ의 의지를 강조했다. '우리는 북한이 경제적 어려움을 극복할 수 있도록 도와줄 준비가 되어 있다. 남북기본합의서 이행을 위한 당국 간 대화에 적극 나서길 촉구한다'는 내용이었다. 박 장관은 이렇게 회고했다. "첫날 접촉이 끝나고 송호경이 일어서면서 '내일 다시 만납시다. 마치 김대중 대통령의 음성을 듣는 것 같습니다'라고 말하더군요. 그때 '아, 정상 회담이 가능하겠구나!' 생각이 들었습니다. 다음 날 만나서 최종 합의를 하자고 하니까 송호경이 '이번엔 위대한 장군님이 국방위원회 승인 없이 독자적으로 결정해서 우릴 보낸 겁니다. 그러니 이건 어떤 일이 있어도 비밀로 하고, 다음에 1차 실무 회담을 다시 엽시다'라고 했습니다."

정책의 성공은 역대 정부들의 노력 덕분

일주일 뒤인 3월 17일 중국 상하이에서 박지원 장관과 송호경 부위원장의 제1차 특사 회담이 열렸다. 3차례 특사 회담을 거쳐 남북은 4월 8일 "김정일 국방위원장의 요청에 따라 김대중 대통령이 6월 12일부터 14일까지 평양을 방문한다. 평양 방문에서는 김 대통령과 김 국방위원장 사이에 역사적인 상봉이 있게 될 예정이며 남북 정상 회담이 개최될 것이다"라는 내용의 공동 발표문에 최종 합의했다. 분단 이후 55년 만에 남북 정상이 만난다는 엄청난 뉴스는 월요일인 4월 10일 아침 서울과 평양에서 동시에 발표됐다. 다음 날인 4월 11일 김대중 대통령의 국정 노트에는 "4·8 남북 정상 회담 합의에의 소회"라는 제목의 메모가 적혀 있다. 역사적인 남북 간 합의를 대하는 대통령의 마음과 자세가 여기 고스란히 담겨 있다.

DJ는 정상 회담 합의가 '1300년 통일 국가 지킨 조상의 음덕'이라고 밝혔다. 남북이 하나의 민족 국가를 이어 왔고 지금의 분단은 일시적 현상이라는 생각을 드러내는 대목이다. 또 이번 합의가 박정희 정권의 7·4 남북 공동 성명, 노태우 정권의 남북 기본 합의서 채택의 연장선에 있음을 강조했다.

김대중 대통령의 국정 노트를 읽다 보면, 정책 성공이 자신만의 공이 아니라 역대 정부의 성과 위에 서 있다고 밝히는 대목이 여럿 나온다. DJ는 보수 권위주의 정권과 심지어 군사 독재도 나름 긍정적 측면을 갖고 있었고, 그런 모습이 남북 관계 개선에 일정 부분 기여했다는 '연속성'의 잣대로 국정을 바라봤다.

윤석열 정부의 안타까운 점이 바로 이 부분이다. 날이 갈수록 윤 대통령이 극우로 치닫는 것은, 전임 문재인 정권의 국정 운영 방향과 패턴을 하나부터 열까지 모두 부정하려다 보니까 생기는 당연한 귀결이다. 반면에 김대중은 정책 성공을 위해서는 과거 권위주의 정권의 시도를 평가하고 이어받는 걸 부끄러워하지 않았다. 오히려 이를 통해 보수 세력의 반발과 의구심을 누그러뜨렸다. 어떤 정책이든 하늘에서 뚝 떨어지듯 갑자기 생겨나지는 않는다. 이전 정권에서 비슷한 검토와 추진을 했던 경험을 잘 활용하면, 좀 더 현실적인 성과를 거두고 반대파의 협조를 얻어 낼 수 있다. 김 대통령은 이것을 잘 활용했다.

현직 대통령에게 필요한 것은 지금 추진하는 정책의 성공이지 전임 정부와의 차별화가 아니다. 전임 정부에 대한 과도한 공격과 검찰 수사는 일부 강경 지지층의 복수심을 채우는 데 도움을 줄 수 있을지 모르나 이것으로 대통령 지지율을 끌어올릴 수는 없다.

김대중 대통령은 남북 정상 회담 성과에 너무 큰 기대를 갖지 말자고 스스로를 다독였다. 기대를 하지 말자는 것이 아니라 현실적으로 접근해 이룰 수 있는 것을 이루자는 뜻이었다. 4월 26일 중앙 언론사 사장단과의 청와대 만찬을 앞두고 작성한 국정 노트에, 김 대통령은 "만나는 것만으로도 성공이다. 이것만으로 평화와 협력의 물꼬를 트는 것"이라고 썼다. 또 "통일보다 냉전 종식·평화 선언이 있어야 한다"고 밝혔다. 궁극적 목표는 통일이지만 이건 먼 훗날의 이야기고, 우선 한반도의 평화와 안정을 통해서 전쟁 위험성을 제거하는 데 초점을 맞추겠다는 의미다.

통일보다 평화 우선한 실용 정책

국정 노트에 담긴 또 하나의 포인트는 실용주의다. 실사구시의 접근

4.8 南北頂上会談合意에의 所懷 '00. 4. 11

1. 半世紀만의 民族的 慶事. × 들기쁨을 不禁

2. 이러한 成果도 13대承継 - 国家利益 知上의 隠線

3. 今般에서도 株主党에서 平和와 統一위해 몸바친 国等 政略 모든 業蹟의가 葉

4. 野党에서도 지난2차 동안 햇볕 政策 支持해온 12民과 또 泰国 輿論의 支援의 徳

5. 무엇보다 대망했던것도 우리民族의 間題으로 우리가 能的으로 合意했것

6. 頂上会談 - 7.4 共同声明 (自主 平和 大統大同結) 南北合意書 (南北사이의 和解와 不可侵 및 交流 協力) 實現을 주려으로

7. 베를린 宣言에서 闡明했던
   ① 政府間의 信信協力
   ② 和解와 協力
   ③ 離散家族의 再結合
   ④ 南北당局 間의 対話協力

8. 民族大事 - 着実하게 現況的 協力으로, 滋着愼重히

9. 12개 項目 - 広 民的 大衆을들의 平和 希望에 万般準備을 意見

10. 나도 精誠과 努力으로 反期에서 12民과 民族의 기대에

〈4·8 남북 정상 회담 합의에의 소회〉00.4.11

1. 반세기 만의 민족적 경사, 일생을 뜨거운 눈물 불금 不禁(금할 수 없다는 뜻)

2. 이러한 성과는 1300년 통일 국가 지킨 조상의 음덕

3. 분단 이래 한반도에서 평화와 통일 위해 몸 바친 ○○○○ 모든 영령들의 ○○

4. 당면해서는 지난 2년 동안 햇볕 정책 지지해 준 국민과 미·일·중·러 등 세계 여론의 성원의 덕

5. 무엇보다 떳떳한 것은 우리 민족의 문제를 우리가 자주적으로 합의한 것

6. 정상 회담-7·4 공동 성명(자주·평화·민족 대단결), 남북 합의서(남북 사이의 화해와 불가침 및 교류·협력 실현을 원칙으로)

7. 베를린 선언에서 천명한

① 정부 간의 경제 협력

② 화해와 협력

③ 이산가족의 재결합

④ 남북 당국 간의 대화

8. 민족 대사-초당적이고 범국민적 협력을. 선거 후 각계 의견

9. 국무위원-역사적 대업 참여의 긍지 속에 만반 준비를

10. 나, 모든 정성과 노력 바쳐 성공시켜 국민과 민족에 보답

中央言論社社長 團 晚餐　00. 4. 26

1. 寄與致謝　聲援感謝
2. 總選結果 一課業의 收完, 順理가 됐었다
3. 與野協力으로 새로운시대, 改革의 持續
4. 課業과 豪言을 내寄 信속에 구속, 기業보다 成의성
　　으로 施政
5. 여러분의 協力切實
6. 南北頂上會談에 대해서
　① 왜 이렇게 늦게 이뤄졌나?
　② 55年만의 民族의 大慶事
　③ 만나는 것 만으로도 成果 一平和에 協力에 들고
　④ 統一보다 冷戰종식 一平和宣言 맺기로
　⑤ 베르린宣言의 영향
　⑥ 北이 응한 理由 信賴, 經濟事情, 口南의壓力,
　　　金正의 自信
　⑦ 올 해 안에 차분히 一 별르건 4大목표 (經濟協
　　　力, 平和共存, 離散家族, 當局對話構)
　⑧ 내外 言論의 聲援 없이가 言論의 成熟한 報道를
9. 北보다 成功한 大使에 될 지다. 丁史에 남을 거도와달라

2000년 4월 26일 김대중 대통령이 중앙 언론사 사장단 만찬을 앞두고 작성한 국정 노트. 남북 정상 회담 준비를 위해 김 대통령은 언론계·학계를 비롯한 각계 주요 인사들을 만나 의견을 들었다. 김대중평화센터 제공

〈중앙 언론사 사장단 만찬〉 00. 4. 26
1. 노고 치하, 성원 감사
2. 총선 민의-겸허히 수용, 순리의 정치
3. 여야 협력으로 새 정치, 개혁의 지속
4. 겸양과 의연의 겸비 속에 3년의 임기 성공적으로 시정
5. 여러분의 협력 절실
6. 남북 정상 회담에 대해서
① 55년 만의 민족의 대경사
② 만나는 것만으로도 성공-평화와 협력에의 물꼬
③ 통일보다 냉전 종식-평화 선언 있기를
④ 베를린 선언의 영향
⑤ 북이 응한 이유-신뢰, 경제 사정, 국제적 압력, 김정일의 자신
⑥ 욕심 안 내고 차분히-베를린 4대 원칙(경제 공동체, 평화 공존, 이산
   가족, 상설 기구)
7. 언론의 성숙된 보도. 한 번도 성공한 대통령 없었다. 역사 만들게 도
   와달라

을 하겠다, 냉철하게 현실을 보면서 남북 모두에 이익이 되는 방식으로 정상 회담을 추진하겠다는 생각이 드러난다. 임을출 경남대 극동문제연구소 교수는 "실용주의는 지금도 여전히 의미 있는 대북 접근 방식"이라고 평가했다.

임을출 교수는 "특히 '통일보다 냉전 종식, 평화 선언이 우선'이라는 메시지가 주는 울림이 있다. 지금을 '신냉전'이라 부르는데, 동북아에서 미국과 중국이 전략적 경쟁·대립을 하는 한 우리가 통일을 논의할 수 있는 공간은 현실적으로 거의 없다. 그래서 남북 간의 점진적인 신뢰 구축을 통한 평화 공존이 필요했고, 미·중·러·일 등 주변국과의 대립을 완화해서 평화 선언을 먼저 하자고 했다. DJ는 이미 그때 그런 판단을 했던 거다. 2024년 광복절에 윤석열 대통령이 경축사에서 강조한, 사실상의 흡수 통일인 '자유 통일'과 한·미·일 군사 협력 강화는 평화 정착과 정반대로 간다는 점에서 걱정스럽다"고 말했다.

요즘에는 진보 진영에서도 '통일보다 평화가 먼저'라는 인식이 자연스럽게 정착하고 있다. 그 점에서 DJ가 첫 남북 정상 회담에서 감정에 치우치지 않고 현실적 목표를 세운 것은 시대를 앞서간 혜안이라고 볼 수 있다. DJ의 실용주의는 이념과 정서의 영향이 어느 분야보다 큰 남북문제에서도 그대로 관철되었다. 어쩌면 대통령의 성공과 실패를 가르는 것은 바로 이 지점이 아닐까 싶다. 현실적이고 실용적인 정책을 추구하느냐 아니면 이념에 사로잡힌 정책에 집착하느냐가 대통령의 성공 여부에 매우 중요한 것이다.

통일보다 평화를 우선한
DJ의 햇볕 정책

남북 정상 회담을 한 달 남짓 앞둔 2000년 5월의 어느 날, 김대중 대통령이 임동원 국정원장을 불렀다. 정상 회담을 앞두고 국정원은 김정일 북한 국방위원장에 관한 책과 영상물, 사진, 비디오 등 자료를 김 대통령에게 올렸다. 모두 부정적 내용 일색이었다. 알코올 중독이고, 말을 제대로 못 해 정상적 대화가 불가능하며, 음습하고 괴팍한 성격 파탄자라는 식이었다.

김 대통령은 임동원 원장에게 "국정원 보고가 사실이라면 이런 사람하고 정상 회담할 수 있겠나. 회담해 봐야 무슨 소득이 있겠나. 임 원장이 직접 평양에 갔다 오세요"라고 지시했다. 임동원 당시 국정원장은 "그러면서 김 대통령은 세 가지 임무를 췄다. 첫째, 김정일 위원장이 도대체 어떤 사람인가 정확히 파악해 오라는 것이고 둘째, 정상 회담 의제를 북한에 설명하고 북쪽 입장을 파악해 오라는 것이고 셋째, 정상 회담 뒤 발표할 공동 선언 초안을 합의해 오라는 것이었다" 고 말했다.

김정일 위원장은 어떤 사람인가

비가 추적추적 내리는 5월 27일 새벽, 임동원 원장은 대통령 특사로 휴전선을 극비리에 넘었다. 그러나 김정일 위원장은 물론이고 대남 정책을 총괄하는 김용순 노동당 비서도 만나지 못했다. 마중 나온 임동옥 노동당 제1부부장과의 만남에서 금수산기념궁전 참배 문제에 발목이 잡혔기 때문이다. 임 부부장은 '김 대통령이 평양에 오자마자 금수산궁전을 참배해야 한다'고 요구했다. 임동원 원장이 난색을 보이자 북한은 임동원-김용순 면담을 취소해 버렸다. 임동원 원장은 그날 밤 폭우가 쏟아지는 휴전선을 다시 넘어 서울로 돌아왔다. 청와대 관저에서 밤늦게까지 기다렸던 김 대통령은 빈손으로 돌아온 임동원 원장의 모습이 안쓰러웠다고 자서전에 썼다.

일주일 뒤인 6월 3일 새벽, 임 원장은 다시 북으로 향했다. 이번에는 신의주에 머물던 김정일 국방위원장을 만날 수 있었다. 임 원장은 1시간가량의 면담과 뒤이은 4시간 남짓의 저녁 식사·술자리를 통해 김 위원장을 비교적 정확하게 평가할 수 있었다고 밝혔다. 남한 인사로 김정일을 이렇게 길게 만난 것은 임동원이 처음이었다. 임 원장은 "내가 말을 끌어내면 김 위원장이 답변을 이어 갔다. 5시간 동안 이런 저런 얘기를 두서없이 하면서 느낀 게 국정원 보고가 잘못됐구나, 정상 회담을 하면 성과가 있겠구나 하는 거였다"라고 말했다.

임동원 원장 인터뷰와 그의 저서 《피스메이커》에 적힌 내용을 토대로 재구성한 그날 대화의 한 대목은 이렇다.

김정일: 김 대통령께서 평양에 오실 때 비행기로 오세요. 보안을 위해서 언제 오시는지 발표하지 마세요. 적들이 언제 무슨 짓을 할지 모릅니다.

임동원: 아이고, 방북 날짜(6월 12일)는 이미 발표를 했습니다.

김정일: 아니, 언제 도착한다는 날짜를 왜 발표합니까? 그러면 도착 일자를 갑자기 하루 앞당기거나 하루 늦춰서 혼동을 주는 방안을 강구해 두는 것이 좋겠어요.

임동원: 김 위원장님의 보안 우려는 십분 이해합니다. 그러나 일정 변경은 곤란합니다.

김정일은 자신의 신변 안전에 몹시 신경을 썼다고 임 원장은 회고했다. 실제로 북한은 김 대통령의 평양 방문을 이틀 앞두고 돌연 출발을 하루 연기해 달라고 우리 쪽에 요청했다. 김 대통령은 예정보다 하루 늦은 6월 13일 전용기 편으로 평양을 방문했다. 북한은 '기술적 준비' 때문에 일정을 늦춘다고 발표했지만 임 원장은 '김정일 위원장이 직접 공항에 나오겠구나!' 생각했다.

그날 김정일은 김 대통령의 금수산궁전 참배를 임 원장에게 강하게 요구했다. 금수산궁전에는 고 김일성 주석의 주검이 안치돼 있었다. "금수산궁전은 반드시 정상 회담 전에 방문해 주셔야 합니다. 왜 남쪽 국민의 정서만 생각합니까? 우리 북쪽 인민들의 정서는 안 중요합니까? … 나도 서울을 방문하면 박정희 대통령 묘소를 참배할 겁니다"라고 말했다고 임 원장은 밝혔다.

임 원장은 다음 날 밤 서울로 돌아와서 곧바로 청와대로 향했다. '김정일 위원장은 어떤 사람인가?'라는 김 대통령 질문에 임 원장은 이렇게 대답했다. "상대방의 말을 경청하며 말하기를 즐겼습니다. 두뇌가 명석하고 판단력이 빠르다는 느낌을 받았습니다. 명랑한 편이고 유머 감각도 대단했습니다. 개방적이고 실용적인 사고방식을 가진 듯했습니다. 말이 논리적이진 않지만 주제의 핵심을 잃지 않아서 좋은 대화 상대자라는 인상을 받았습니다. 특히 연장자를 깍듯이 예우한다는 느낌을 받았습니다." 설명을 듣고 김 대통령은 "이제 안심이 된다"고 말했다.

북미 관계 개선의 단초가 되었을 남북 회담

2000년 6월 13일 오전 10시 서울공항에서 김대중 대통령 부부와 공식·비공식 수행원, 출입 기자들을 태운 전용기가 북으로 향했다. 평양에 도착해서도 북한 쪽은 금수산궁전 참배를 거듭 요구했다. 임동원 원장의 이야기다. "평양 순안공항에서 김정일이 DJ 차량에 탔을 때 그대로 금수산궁전으로 달리는 게 아닌가 조마조마했습니다. 북한은 완강했어요. '금수산궁전을 참배하지 않으면 상징적 국가 원수인 김영남 최고인민회의 상임위원장과 정상 회담만 가능하다'고 했습니다. 김 대통령은 '김정일 위원장과 정상 회담이 성공적으로 끝나고 합의문을 발표하면 금수산궁전을 방문할 수 있다고 북쪽에 전하라'고 말씀하셨어요. 그렇게 전했는데도 '회담 후가 아니라 회담 전에 방문해야 한다'고 고집하더군요. 난감했습니다."

그날 밤, 박지원 문화관광부 장관은 송호경 아태위 부위원장으로부터 '만나자'는 전갈을 받았다. 박 장관은 북쪽이 제공한 차를 타고 인민궁전으로 향했다. 박 장관의 이야기다. "금수산궁전 참배 문제로 한참 줄다리기를 하다가 내가 그랬어요. '대통령님의 참배는 절대 안 된다. 한광옥 청와대 비서실장과 내가 대신 참배하고 서울에 돌아가서 구속되겠다.' 그랬더니 송 부위원장이 '남쪽의 진의를 상부에 보고하겠다'고 하더군요. 영빈관에 돌아오니까 대통령 내외가 아직 주무시지 않고 기다리고 계셨어요. 그래서 보고를 하면서 '잘 풀릴 것 같

2000년 6월 13일 평양 순안공항에 도착한 김대중 대통령이 김정일 위원장과 함께 북한군 의장대를 사열하고 있다. 1950년 한국전쟁 이후 적대 관계였던 남한 대통령의 북한군 사열은 상징적 의미가 컸다. 연세대 김대중도서관 제공

다'고 말씀드렸습니다."

다음 날인 14일 아침, 송호경은 박지원에게 '이번만은 참배를 안 하셔도 된다. 상부 지시가 있었다'고 통보했다. 김 대통령은 만경대 소년학생궁전을 참관하는 도중에 이 소식을 들었다. 불확실함을 안고 출발한 평양행의 결실이 눈에 보이는 순간이었다.

그날 오후 백화원 영빈관 회의실에서 열린 남북 정상 회담은 4시간 동안 진행됐다. 김대중-김정일 두 정상의 발언 내용은 임동원 원장이 펴낸《피스메이커》에 자세히 나와 있다. 국정원은 남북 정상 회

담 내용을 고스란히 기록해 비공개 회의록으로 남겼다. 2급 비밀로 분류된 회의록은 단 10부만 인쇄했고 그중 한 부는 연세대 김대중도 서관에 기증됐다. 임동원 원장은 "역사적인 정상 회담을 정확하게 알리고 잘못된 해석을 막기 위해, 국정원의 사전 검증을 받아서 책에 실었다. 《피스메이커》에 실린 DJ와 김정일의 발언은 회의록과 거의 똑같다고 봐도 된다"고 밝혔다.

정상 회담에서는 임 원장의 평가대로, 말하기를 즐기는 김정일 위원장이 이야기를 많이 했다. 김 대통령은 육성 회고록에서 "전체 대화 중에 70%는 김 위원장이 말을 하고, 내가 30% 정도 이야기를 했을 거다. 내가 상대방 이야기를 경청하는 이유는 회담 성공률을 높이기 위한 전략적 판단과 관련이 있다. … 그래서 좋은 합의문이 나올 수 있었다"고 말했다.

임동원 원장은 주한 미군에 관한 김정일의 발언이 특히 흥미로웠다고 말했다. 김 위원장은 "제가 대통령께 비밀 사항을 정식으로 말씀드리겠습니다. 미군 주둔 문제입니다. … 1992년 초 김용순 비서를 미국에 특사로 보내 '남과 북이 싸움 안 하기로 했다. 미군이 계속 남아서 남과 북이 전쟁하지 않도록 막아 주는 역할을 해 달라'고 요청했습니다. '동북아시아의 역학 관계로 보아 반도의 평화를 유지하자면 미군이 와 있는 것이 좋다'고 말해 줬어요. 제가 알기로 김 대통령께서도 '통일이 되어도 미군이 있어야 한다'고 말씀하셨는데, 그건 제 생각과 일치합니다'라고 말했다. 김 대통령이 '그런데도 왜 언론 매체를 통해선 계속 미군 철수를 주장하냐'고 묻자, 김 위원장은 "미군 철수를 주장하는 것은 우리 인민들의 감정을 달래기 위한 것이니 이해해 주기 바랍니다"라고 대답했다.

김 대통령은 북한이 미국과 관계 정상화를 열망하고 있음을 확인했다. DJ는 나중에 육성 회고록에서 "혹자는 우리가 북한과 관련한 내용을 미국과 철저하게 공유하면 북한이 꺼릴 수도 있다는 진단을 하는데, 그건 잘 모르고 하는 소리다. 북한은 미국과 관계 개선을 원하기 때문에 한·미 공조가 잘되는 상황에서 남북 관계가 개선되길 원한다. 그래야 한국 정부가 북·미 관계 개선에 도움을 줄 수 있기 때문이다"라고 밝혔다. 미국에 '북한과의 접촉 내용을 숨소리까지 얘기해 주라'고 지시한 이유도 여기 있었다.

김 대통령의 평양 방문을 앞두고 미국의 웬디 셔먼 국무부 대북정책조정관이 한국을 방문한 적이 있다. 셔먼은 김 대통령과 임동원 국정원장에게서 자세한 설명을 들었지만 그것으로는 좀 부족했던 모양이다. 박지원 장관에게 만나자고 했다. 박 장관의 이야기다. "웬디 셔먼이 저녁을 같이하자고 연락을 했어요. 김 대통령에게 '어떻게 할까요?' 물었더니 '만나라. 만나서 숨소리까지 얘기해 주라'고 해요. 그래서 광화문 미국 대사관에서 만찬을 하면서 싱가포르와 베이징 접촉 내용을 상세히 설명했습니다. 다음 날 또 전화가 왔어요. 저녁에 와인 한잔할 수 있냐고요. 어제 다 얘기했는데 또 만날 필요가 없을 것 같아서 거절했죠. 김 대통령에게 그 얘기를 했더니 '이 사람아, 셔먼은 자네가 한 말을 아직 믿지 못하는 거야. 술 마시면서 다시 듣고 싶은 거야' 그러시는 거예요. 셔먼에게 전화를 걸어 초대에 응하겠다고 했죠. 서면과 와인 마시면서 이 얘기 저 얘기 다 했습니다. 너무 많이 마셔 대사관을 나온 건 기억이 나는데 그 뒤로 기억이 없어요. 정신없이 자고 있는데 아내가 '대통령님 전화예요'라며 깨우는 거예요. 깜짝 놀라 일어났더니 아침 8시가 넘었더라고요. '대통령님, 제가 과음을 해서 늦잠을 잤습니다. 얼마나 마셨는지 기억이 하나도 없습니다.' 그랬더니 DJ가 '잘했어. 이제 믿겠네'라며 전화를 끊으시더라고요.''

김정일이 남북 정상 회담에 응한 가장 중요한 이유 중 하나가 미국과의 관계 개선을 DJ가 중재해 줄 수 있으리라 믿었기 때문이라고 임동원 원장은 분석했다. 임 원장은 "김정일 위원장은, 미국과 관계 개선을 위해선 DJ의 대미 영향력을 활용해야겠다, 김대중과 클린턴 관계가 아주 좋으니까 이에 의지해서 문제(북·미 관계)를 풀겠다는 생각을 했다. 그런 얘기를 나한테 한 적도 있다"고 말했다.

빌 클린턴 대통령이 퇴임을 앞둔 2000년 12월 평양을 방문하려 했지만 조지 부시 당선자와 공화당의 반대로 포기했다는 것은 잘 알려진 사실이다. 클린턴은 2003년 11월 방한했을 때 김대중도서관에서 퇴임한 DJ를 만났다. "내 임기가 1년만 더 남았더라도 한반도의 운명이 달라졌을 텐데, 그걸 실현하지 못하고 김 대통령과의 약속을 지키지 못해 미안합니다"라고 말했다고 배석했던 임동원 원장은 전했다. 그때 클린턴 방북이 이뤄졌다면 북·미 관계 정상화의 물꼬를 텄을

남북 공동 선언

조국의 평화적 통일을 염원하는 온 겨레의 숭고한 뜻에 따라 대한민국 김대중 대통령과 조선민주주의인민공화국 김정일 국방위원장은 2000년 6월 13일부터 6월 15일까지 평양에서 역사적인 상봉을 하였으며 정상 회담을 가졌다. 남북 정상은 분단 역사상 처음으로 열린 이번 상봉과 회담이 서로 이해를 증진시키고 남북 관계를 발전시키며 평화 통일을 실현하는 데 중대한 의의를 가진다고 평가하고 다음과 같이 선언한다.

1. 남과 북은 나라의 통일 문제를 그 주인인 우리 민족끼리 서로 힘을 합쳐 자주적으로 해결해 나가기로 하였다.

2. 남과 북은 나라의 통일을 위한 남측의 연합제 안과 북측의 낮은 단계의 연방제 안이 서로 공통성이 있다고 인정하고 앞으로 이 방향에서 통일을 지향해 나가기로 하였다.

3. 남과 북은 올해 8·15에 즈음하여 흩어진 가족, 친척 방문단을 교환하며 비전향장기수 문제를 해결하는 등 인도적 문제를 조속히 풀어 나가기로 하였다.

4. 남과 북은 경제 협력을 통하여 민족 경제를 균형적으로 발전시키고 사회, 문화, 체육, 보건, 환경 등 제반 분야의 협력과 교류를 활성화하여 서로의 신뢰를 다져 나가기로 하였다.

5. 남과 북은 이상과 같은 합의 사항을 조속히 실천에 옮기기 위하여 이른 시일 안에 당국 사이의 대화를 개최하기로 하였다.

김대중 대통령은 김정일 국방위원장이 서울을 방문하도록 정중히 초청하였으며 김정일 국방위원장은 앞으로 적절한 시기에 서울을 방문하기로 하였다.

2000년 6월 15일

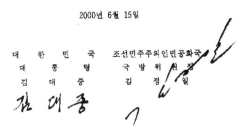

대　한　민　국　　조선민주주의인민공화국
대　　통　　령　　국　방　위　원　장
김　　대　　중　　김　　정　　일

남북 정상 회담 공동 선언문.

거고 지금 같은 북핵 위기와 군사적 대립·긴장은 사라졌을 것이다. 김 대통령은 육성 회고록에서 "지금도 그때 일을 생각하면 매우 아쉽고 답답하다"고 토로했다.

통일을 지향하는 평화와 햇볕 정책

남북 정상 회담 직후인 2000년 7월 3일 김 대통령은 청와대에서 시도지사들과 오찬을 했다. 정상 회담 결과를 설명하는 자리였다. 김 대통령의 국정 노트를 보면, 정상 회담의 가장 큰 성과를 "남북 간 이해와 신뢰의 시작"이라고 적었다. 그러면서 "다시 전쟁하면 남북 모두 공멸이니 전쟁하지 말자" "적화 통일도 흡수 통일도 불가능하다"고 밝혔다. 이 말은 평양 정상 회담에서 김 대통령이 김정일 위원장에게 직접 했던 이야기다. 김 대통령은 정상 회담에서 이렇게 말했다.

"남북은 서로 흡수 통일과 북침, 적화 통일과 남침에 대한 불안감을 갖고 있는데 이러한 것은 사실 모두 불가능한 일입니다. 전쟁은 민족의 공멸을 초래할 뿐입니다. 우리 입장은 확고합니다. 북침이나 흡수 통일을 절대로 추구하지 않겠다는 것을 확실히 약속하니 북측에서도 너무 걱정할 필요가 없습니다. 남북 기본 합의서에서 합의한 대로, 불가침 문제를 다루기 위한 군사공동위원회를 개최하여 우발적 무력 충돌 방지 대책을 비롯하여 군비 통제 문제를 협의해 나가도록 합시다."

市. 道知事午餐 号 講話 00. 7. 3

1. 그間의 苦勞, 諸般 中後願의 念慮 끼께 — 感謝

2. 南北関係改善 — 始作에 不過, 果而, 誠實 — 要也

3. 그러나 後退는 없다 — 丁史的 大事件 있은 今까지

① 全國民의 関心과 歓迎, 마지막 冷戰, 平和希求

② 生活 — 国民的 大歓迎. 亲미에게 期待

③ 支持 — 安堵感 (3等引 諸개), 97% 引 支持率

④ 丁史的 念命 — 左右의 時代. (金剛情. 南北)

⑤ 北이 受諾한 理由也 (口内事情. 口民과 交에게 信表, 左에게 도움)

4. 가장큰 成果 — 南北간의 理解 와 信表의 始作

① 다시 戰争 하면 共滅. 戰争 말라

② 赤化統一 — 도 吸收統一 — 도 不可, 不可能

③ 美軍駐屯 의 仲善 나生 , 核. 미사일

④ 非謗中傷 말라. 15日 即時 中止 (北), 南도 放送. 傷品

⑤ 自主는 外勢 排除 아니다. 나의 諸也. 地別改革, 4大國 協議 認可와 協助 없으면 国土 어렵다

⑥ 統一에 기호를 할것은 意義

⑦ 宗教 家族

2000년 7월 3일 김 대통령이 시도지사 오찬을 앞두고 적은 국정 노트에는 남북 정상 회담에 대한 평가가 담겨 있다. 김 대통령은 평양 정상 회담에서 김정일 위원장에게 "남북은 서로 흡수 통일과 북침, 적화 통일과 남침의 불안감을 갖고 있는데 이건 사실 모두 불가능합니다. 전쟁은 민족의 공멸을 초래할 뿐입니다"라고 말했는데, 그 내용을 국정 노트에 적었다. 김대중평화센터 제공

⑧ 經濟協力의 必要性 (12民의 安全, 軍事費用 減, 南北
   經濟의 均衡發展, 南北共同繁榮
   成立)
⑨ 文化藝術·體育交流」
⑩ 南北間도 交流協力 持續하기를 一次볼러

5. 21世紀나 韓國의 運命
① 19世紀 의 教訓
② 21世紀 - 「史의 運命 (南北統合, 世域情報化)

6. 大統領의 5大 指標

7. 여러분의 協力 반드시 成 있기를
① 與野를 越하고 「史의 큰흐름同 참거로 (地域갈등
   불러이런)
② 人類化되면, 大統領도 화되면
③ 우리모두 화합하려함 (오늘의)「史를 後에게 남기고도

〈시도지사 오찬〉 00. 7. 3

1. 그간의 노고, 방북 중 ○○의 염려 없게-감사
2. 남북 관계 개선-시작에 부진, 인내·성의·일관성
3. 그러나 후퇴는 없다-역사적 대사건임은 분명
① 전 세계의 관심과 환영. 마지막 냉전. 평화 기여
② 북한-국민적 대환영. 내일에의 기대
③ 남한-안도감(3군사 방문), 97%의지지
④ 역사적 소명-세계화 시대(○○, 남북)
⑤ 북이 수락한 이유(국내 사정, 국민의정부에의 신뢰, 세계 여론)
4. 가장 큰 성과-남북 간의 이해와 신뢰의 시작
① 다시 전쟁하면 공멸, 전쟁 말자
② 적화 통일도 흡수 통일도 불가, 불가능
③ 미군 주둔의 필요성. 핵, 미사일
④ 비방 중상 말자. 15일 즉시 중단(북). 남도 방송. 괴뢰
⑤ 자주自主는 외세 배격 아니다. 나의 방북, 햇볕 정책. 4대국 한쪽 택하
   고 한쪽 적 하면 자주 어렵다
⑥ 통일에의 접점 찾은 것 큰 의의
⑦ 이산가족
⑧ 경제 협력의 중요성(국민의 안전, 분단 비용 절감, 남한 경제에서 ○
   ○○○, 남북 공생 경제 성장)
⑨ 문화·예술·체육 교류
⑩ 각 시군도 교류 협력 준비하기를-차분히
5. 21세기와 한국의 운명
① 19세기의 교훈
② 21세기-역사의 소명(남북 화합, 지식 정보화)

6. 대통령의 5대 지표

7. 여러분의 협력만이 성공의 길

① 여야초월 역사의 큰 흐름 동참하자(지역감정 못 하면)

② 인생도 한 번, 대통령도 한 번

③ 우리 모두 자랑스러운 (오늘의) 역사를 후일에 남기자

DJ가 첫 남북 정상 회담에서 이루려 했던 목표도 바로 그것이었다. 전쟁의 참혹함을 겪은 DJ는 통일보다 평화가 최우선 과제라고 생각했다. 평화를 토대로 남북이 경제 교류와 협력을 해 나가려고 했다. 그래도 통일에의 지향은 결코 놓지 않았다.

DJ는 '우리는 한민족이니까 당연히 통일해야 한다'는 감성적 민족주의로만 통일 문제에 접근한 것은 아니다. 1991년 남북이 유엔에 동시 가입한 뒤 우리 헌법 제3조의 영토 조항(대한민국 영토는 한반도와 그 부속 도서로 한다)을 현실에 맞게 개정해야 한다는 의견이 진보 진영 일부에서 제기됐다. DJ가 야당 총재일 때 여러 정치학자들과 통일 문제로 세미나를 연 적이 있다. 그때 DJ는 "이 조항을 없애면 북한에 급변 사태가 발생할 때 중국이 압록강을 건너 북한으로 진입하는 걸 막을 명분이 사라진다"며 비록 현실성이 떨어지더라도 영토 조항을 그대로 두어야 한다는 의견을 밝혔다고 한다. 세미나에 참석했던, 익명을 요청한 어느 대학교수는 "그 얘기를 들으며 DJ의 현실적인 접근에 모두 깜짝 놀랐던 기억이 있다"고 말했다.

'통일을 지향하는 평화', DJ 햇볕 정책의 목표를 한마디로 정리하면 이렇게 말할 수 있다. 그 점에서 민족 통일 노선을 폐기하거나(김정은 북한 국무위원장), 흡수 통일을 위해서는 전쟁도 불사할 것처럼 행동하는(윤석열 대통령) 요즘 남북의 지도자와는 너무 다르다. 2000년 평양 남북 정상 회담에서 김대중과 김정일, 두 정상이 남긴 대화록을 남북의 지도자는 꼭 읽어 볼 필요가 있다.